# 비(碑)는 말한다

조홍상 칼럼집

오늘의 문학사

국립중앙도서관 출판 예정도서목록(CIP)

비(碑)는 말한다 / 조홍상 지음. -- 대전 : 오늘의문학사, 2
019
p. ;  cm

대전문화재단과 대전광역시에서 사업비 일부를 지원받았
음
ISBN 978-89-5669-982-0 03810 : ₩15000

한국 현대 수필[韓國現代隨筆]

814.7-KDC6
895.745-DDC23 CIP2019001548

# 비(碑)는 말한다

『 서문 』

역사는 비록 거짓말을 할 수 있을지언정 비는 거짓말을 못한다. 종이 위의 기록은 쉽게 고쳐 쓰거나 지울 수 있을지라도 돌에 새겨진 글씨는 변하기가 쉽지 않다.

그래서 수백 년 또는 수천 년을 풍우에 씻겨온 빗돌일망정 그 형태나 곧고 굽은 선에서 그 시대의 사조나 예술을 읽을 수 있는 것은 그 시대 그 사람들 정신의 움직임이 그 작품에 박혀있기 때문이다.

비는 속일 수 없는 역사적 산물이다. 그렇기 때문에 비를 시대별로 일관해 보면 윤택한 때는 윤택한 대로 궁색한 때는 궁색한 대로 그 시대에 맞는 미와 기교와 의장의 변천이 표현돼 있다.

5천년의 유구한 역사 속에 조상들의 유적이 이 땅 어디에나 없는 곳이 없겠지만, 우리 충청지방에도 특이한 사실 또는 빼어난 인물을 기록하거나 추모하는 비석들이 널리 산재돼 있다.

장구한 세월동안 눈보라 비바람에 깎이면서도 그 옛날의 영욕과 애환을 후세인에게 전해오는 빗돌들은 우리에게 끊임없이 이어지며 변전하는 역사의 교훈을 속삭여 주고 있다.

10년이면 강산이 변한다고 했다. 오래전에 쓴 글이라 이 글에 묘사된 주변 환경이나 일부 시설들의 모습이 지금과 조금 다를 수 있다. 이 점 양해해 주시기 바란다.

양이 좀 적은 것 같고 책을 자주 낼 수 없어 뒤에 시사칼럼 몇 편을 붙인다.

[차 례]

2
chapter

# 시사 칼럼

# 비는 말한다

## CHAPTER 1

# 김육불망비(金堉不忘碑)

〈충남 아산군 신창면〉

『죽음과 세금은 피할 도리가 없다』고 말해오듯이 인간은 태어나면서부터 세금과 떨어져 살아갈 수가 없다. 때로는 나라에서 가혹하게 세금을 받아 백성의 원성을 사기도 하고 때로는 과세기준이 형평을 잃어 불평을 일으키기도 한다.

아산군에는 지금으로부터 3백여 년 전에 대동법을 주창 조세제도를 개혁해서 백성들의 부담을 덜어준 진보적인 학자 김육의 비가 있다. 온양읍내를 벗어나 혹심한 가뭄이 농민의 마음을 태우는 안타까운 들판을 가로질러 3km쯤 가노라면 바로 아스팔트 길가 왼편에 대여섯 개의 비가 볼품없이 서있는 비석거리가 나선다.

현대문명과 약삭빠른 인심에 밀려난 잔해들, 버릴 곳이 없어 창고 한 구석에 치워놓은 못 쓰는 가구처럼 황량한 모습들이다. 누가『비석에 쓰인 글자를 지우는 것은 비바람이 아니라 망각하기 잘하는 인간의 마음』이라고 했던가….

아산군 신창군 읍내리 297번지 이름 모를 조그마한 비석들 사이에 섞여 귀부가 반쯤은 땅속에 묻힌 채 우뚝 솟아있는 김육의 비는 철없는 아이들의 놀이터였던 듯 온몸이 긁히고 찢긴 상처투성이다. 비수의 이룡 조각이 아직도 섬세하고 아름다우며 높이 2백10cm 너비 75cm 두께 20cm의 대리석 비신 전면엔 상국 김공육

영생불망비 창설대동성경편민(相國金公堉永生不望碑 創設大同省徑便民)이라고 새겨져 있고 후면엔「순치17년 경자 5月日立」이라고 써 넣었다. 이조 17대 효종 5년(서기 1654년) 5월 김육이 대동법(大同法)을 주창 시행한 기념으로 건립한 비석이다.

김육(서기 1580-1658년)은 조선조 17대 효종 때의 문신으로 식견이 높은 정치가요 학자였다. 자는 백후(伯厚), 호는 잠곡, 시호는 문정공(文貞公)으로 14대 선조 38년(1605년) 사마시에 급제 문묘의 책임을 맡아 벼슬길에 올랐다.

그때 정인홍(鄭仁弘)을 비판하다 광해군의 미움을 받아 가평으로 돌아가 잠곡에서 은둔생활을 했다. 1623년 인조반정후 김

오랑의 벼슬을 받았고 다음해 이괄의 난 때 왕의 피란길을 모시고 다닌 공로로 음성현감으로 부임했다. 인조 2년(1624년) 문과에 급제 삼사부제학(三司副提學)·성균관 제주·예조판서를 거쳐 인조 27년(1649년)엔 영의정에까지 이르렀다.

김육은 비단 대동법을 창안하여 시행하게 했을 뿐 아니라 실록청 총재관으로「인조실록」편찬을 맡아보았고 일찍이 서양인들이 쓰던 중국 개량역의 합리성을 주청하여 효종 4년(1653년)부터 종래의 역을 폐지하고 새로운 역법인 시헌역(時憲歷)을 사용케 했다. 또한 용전의 필요성을 통감하고 상평통보의 주조를 건의하여 서울과 북서지방에 유통케 했다. 그밖에 중국의 수차제와 용차의 이익을 주장하는 등 그의 경제학은 유형원(柳馨遠)에게 영향을 끼칠 만큼 실학의 선구적 역할을 했다.

다시 말해서 성리학을 비롯하여 천문·지리·병약·률역 등에 정통했던 김육은 그 당시 수많은 유학자들 중에서도 뛰어난 진보적 학자였으며 불합리한 구정의 개선을 꾀하던 문명의 선도자요 선각자였다. 그의 저서로는「감개록집두시」,「황명기략」,「유원총보」등이 있다.

우리나라의 조세제도는 원래 중국 당나라에서 시행하던 조·용·조(祖·庸·調)제도를 받아들여 신라를 거쳐 고려로 계승

되어 왔다.

신라나 고려초기에는 농업수확물과 농촌에서 부업으로 생산하는 직포를 제외하고는 별로 과세할만한 물종이 없었으나 고려후반기에 이르러서 상공업에 대하여 약간의 세금을 부과했고 이조에 들어와서부터 전 · 부 · 공 외에 공장 · 좌매(점포를 가진 상인) 시장 등에 본격적으로 세금을 매기기 시작했다.

세조 5년(1460년)부터 성종조(1470-1494년)에 분포된 경국대전의 각종 상공업에 대한 잡세규정으로 미루어 짐작할 수 있다. 그러나 상공업에서 거두어들이는 부세금의 수입은 극히 적어서 재정의 기간은 역시 예부터 내려오는 전 · 부 · 공의 수입으로 계속 메꾸어왔다. 그러다가 선조 41년(1607년) 대동법을 제정하여 공부를 전에 통합함으로써 당제의 세법에 일대 변혁을 가져왔던 것이다.

이조의 세제는 전 · 부 · 공의 3종으로 대별할 수 있는데 전은 토지로부터 수확하는 농산물에 매기는 세금이며 부는 백성들이 노역에 나가는 것이고 공은 그 지방의 특산물 즉 포 · 저 · 면 · 밀납 · 유등의 잡물을 공납하는 제도였다. 그러나 역대왕조를 통하여 토산물을 바치게 하던 공물법에는 여러 가지 폐단이 많았다.

나라에서 백성의 형편은 생각지도 않고 일방적으로 부과함으로써 그 지방에서 생산되지도 않는 산물을 억지로 바치게 한다거나 생산되지 않는 시기에 바치게 하는 등 백성들에게 많은 불편을 줘서 민원을 사는 사례가 많았다. 또한 공물을 대납하고 그 대가를 백성들에게 받아들이는 방납제도가 유행하면서부터 방납하는 백성들에게는 몇 배를 더 징수하여 중간이득을 취하는 호리들의 횡포도 적지 않았다.

이러한 공물법의 백성에 대한 폐해도 폐해려니와 산지읍민이 직접 경사에 납입케 하면 공물의 품물이 고르지 못하고 나라에서 필요로 하는 양보다 많거나 적어 불편하기 짝이 없었다. 뿐만 아니라 조선조 중엽부터는 상업이 발달해서 각 지방의 토산물은 서울의 육의전에서도 얼마든지 구할 수 있게 되어 사실상 공물법의 필요성이 없어지게 되었다.

14대 선조 2년(1569년) 대유학자인 율곡 이이가 처음으로 각 지방에서 바치는 여러 가지 공물을 미곡으로 통일하여 받아들일 것을 주장하고 나섰으나 임진왜란이 일어나 그 시행을 보지 못했다.

전국토가 초토화한 쓰라린 병란을 겪고 난 후 극도로 문란한 국가의 재정을 재편성하기 위하여 우의정 유성룡 · 호조판서 한백겸 등 그 당시 식자들 간에는 대동법이 중요한 논제로 등장했었다. 선조 41년(1608년) 오랫동안 진통을 겪어오던 대동법이 영의정 이원익 등의 상소로 드디어 경기도 일원에서 첫 실시를 보게 되었다.

이리하여 경기에 대동미징수 사무를 관장하는 선혜청(대동청)을 두고 종래 1년간 민역에 의해서 납부하던 공물을 산출하여 토지에 할당하는 새로운 세제가 첫 선을 보인 것이다.

대동미의 세율은 토지면적 1천5백평 정도인 1결에 보통 쌀12두를 원칙으로 했으나 후에 대동법이 널리 시행됨에 따라 각 지방 실정에 맞춰 차이를 두었다. 그리고 이전까지 공물로 받던 각종 물자는 모두 상인으로부터 구입하고 대동미로 그 값을 치러주었다.

우선 경기도에서 대동법을 시행해 본 결과 백성들의 부담을 크게 덜어주고 민역의 폐해를 혁정하는데 알맞은 훌륭한 제도로 알려지자 타도에서도 다투어 대동법 시행을 청원하기에 이르렀다.

이후 우의정 김육의 적극적인 추진으로 16대 인조 2년(1624년)에는 강원도(강원청)에 17대 효정 2년(1651년)에는 충청도(호서청)에, 동왕 9년(1658년)에는 전라도의 연해 27군(호남청)에 확대실시 했으며, 현종 3년에는 형조판서 김좌명 건의에 좇아

전라도 산군 전역에, 숙종 3년에는 도승지 이원정의 청원으로 영남청을 설치 경상도에 시행하였고 동왕 34년(1708년)에는 관찰사 이언경의 진소에 따라 대동법과 같은 성질의 상정법을 제정하여 황해도(해서청)에 실시함으로써 마침내 전국적으로 시행하게 되었다.

특히 충청도지방(호서)에 대동법이 시행되기까지에는 오랜 시일을 두고 어려운 고비가 많았다. 김육의 끈질긴 집념과 식을 줄 모르는 열성과 굽힐 줄 모르는 의지가 없었다면 대동법의 확대 실시는 어려웠을 것이다. 그는 일부 중신들의 비난과 반목 속에서도 두려워하지 않았고 영의정의 벼슬자리까지 내놓을 비장한 각오로 대동법 시행을 극력 주창해서 끝내 옳다고 생각한 자기의 주장을 관철시켰던 것이다.

충청도의 대동법 시행을 위한 김육의 노력은 인조16년 그가 충청감사로 있을 때의 이계로부터 시작된다.

『대동법은 이미 관동지방에서 실시하고 있으므로 충청도에도 시행함에 어려울 이치가 없었습니다. 충청도 내의 결부수를 총계해 볼 때 매결에 각각 면포 한 필과 쌀 2두를 내면 진상 공물값과 충청도 잡역과 전향 쇄마 관청영납의 물품 값을 모두 제하고도 수만결이 남았습니다. 대동법만 실시한다면 백성들을 괴롭히지 않고 또한 백성들에게 호령하지 않아도 될 것이옵니다. 더구나 지금 구황기를 맞아 대동법의 시행보다 더 급한일은 없습니다.』고 주장했다.

김육의 논리가 정연한 청원에 조정에서도 호조로 하여금 충청도의 대동법 실시를 위한 기초작업에 착수했으나 별로 진전을 보지 못했다. 김육은 계속 뜻을 굽히지 않고 재삼 대동법의 실시를 간청한바 있지만 인조 27년 효종 즉위까지도 뜻을 이루지 못했다.

그동안 우의정직에 오른 김육은 꺾일 줄 모르는 불굴의 의지로 효종즉위 11월 다시 충청도의 대동법 실시를 청론했다.『백성들의 백역이 모두 전결에서 출발하는 것이니 이것은 곧 고자경략의 법입니다. 국가에 일이 많은 경우에는 민역은 날로 증가하여 1년 동안 역에 응하려면 매결에서 목면 10필은 내야 할 것이며 적어도 7~8필에서 더 내려가지는 않을 것이옵니다. 또한 의외로 나서는 역은 별도로 치러야하니 백성이 어찌 빈곤치 않을 수 있겠습니까. 지금 만일 대동법을 제정하여 매 1결당 춘계에 목면 한필 쌀 2두와 추계에 쌀 3두를 공출케 하면 전세 이외에 1년에 한번 납부하면 백성들은 해가 다 할 때까지 편할 수 있을 것이옵니다. 호서와 호남의 전결이 다같이 27만결로서 목면 5천4백동 쌀 8천5백섬으로 이것을 규획조처하면 미포의 남는 수가 많을 것이옵니다. 그러면 공장사축이 상하홍족하여 의외의 역에도 능히 응할 수가 있을 것이옵니다.』라고 했다. 그는 이어 대동법을 집행하는 과정에서 탐관오리의 비행이 있을 것을 염려하기도 했다.

효종이 대신들과 의논하는 자리에서 좌의정 조익과 연양군 이시백 등은 김육의 대동법 시행 주장에 찬동했으나 호조판서 이기상과 호군 정세규는 법 시행의 불편함을 들어 반대했다. 그러나 효종은 다수의 의견을 참작 대동법 시행을 의결했다.

충청도의 대동법 시행은 그렇게도 어려웠던지 그 후에도 의결만 됐을 뿐 시행단계에는 이르지 못하고 있다가 당시 우의정 한홍일의 상청에 힘입어 효종 2년 8월 24일 비로소 호서대동법의 시행이 확정됐다.

호서대동법은 드디어 김육의 끈질긴 주창이 열매를 맺어 시행하게 됐다. 그의 국사를 돌보는 불요불굴의 의지가 유종의 미를 거두게 된 것이다. 그러나 김육의 국가재정 타개책은 조정일각에서 적잖은 비난의 대상이 되기도 했고 반목의 원인이 되기도 했다.

효종3년 5월 안방준이란 사람의 대동법을 비판한 상소문에 기인, 김육은 좌의정 직을 면임 해 달라고 여러 번 상소를 한 일이 있었으며 효종 5년 2월엔 제신들의 대동법 시행 반대에 부딪혀「신노병일심 재운급겸제 이보잔명」이라고 피력 다시 한 번 모든 관직에서 물러나려고 하는 심경에까지 이르는 심각한 처지에 놓이기도 했다.

대동법 시행에도 부조리는 있었다. 효종은 호서지방의 대동법이 백성들에게 필요한가를 알기 위하여 암행어사 홍처대와 민승중을 현지에 보내 조사케 한 일이 있었다. 이 조사보고에 의하면 시초에 조정에서 대동미 1되를 감한대도 불구하고 각 읍에서는 그와 같은 명령이 있음을 모르고 9두를 징수해야 할 것을 10두를 징수했으며 이외에도 대동미포를 징수한 사례가 있었다고 한다.

아무리 훌륭한 법이라도 운용하는 사람이 나쁘면 좋은 법이 될 수 없음은 동서고금을 막론하고 철칙인 듯하다. 한편 효종 9년 환조한 송시열은 호남지방의 대동법시행상태를 묻는 임금에게『대동법을 편하다고 하는 백성이 많으니 양법이 아닐 수 없습니다.』고 대답 비록 부분적으로 부조리가 있다 하더라도 대동법의 성과는 매우 컸던 것 같다.

김육은 효종 9년 9월 5일 79세를 일기로 세상을 떠났다. 임종하는 자리에서 손자인 김석주에게 아직도 대동법이 시행되지 않고 있는 호남지방을 위해 걱정을 했다고 하니 그의 진충보국하는 뜨거운 마음을 엿 볼 수 있다. 김육은 나라의 재정을 튼튼히 하고 백성들의 부담을 덜어주기 위해서 초지일관 뜻을 굽힐줄 모르는 외골수 인생을 살다 갔다. 3백여 년간 비바람 눈보라 속에서 세상을 지켜봐온 김육의 비는 지금 무엇을 말하고 싶어 할까….

땅속에 반쯤 묻힌 돌거북이가 답답해하는 것 같아 돌아서는 발길이 무겁기만 하다.

## 백제 5층탑비(百濟 5層塔碑)

〈부여읍 동남리〉

찬란한 아침햇살 속에 붉게 타오르는 저녁노을 속에 춘풍추우 1천3백여 년 동안 의연히 서있는 정림사지 5층석탑(定林寺址 5層石塔)은 그날의 찬연했던 문화의 흥융을 말해주는 듯 처절했던 멸망의 비애를 알려주는 듯 웅장한 자태엔 어두움이 서려있다.

거대한 탑신을 타고 부드럽게 흐르는 순박한 자연미에서 백제인의 영특한 슬기를 엿볼 수 있으며 탑신에 둘러 새긴 소정방(蘇定方)의 대당평백제국비명(大唐平百濟國碑銘)에서 백제인의 치욕과 민족의 울분을 느낄 수 있다.

부여읍 동남리 定林寺址5層石塔(국보 제9호 일명 백제탑)은 백제말기 백제인의 손으로 지은 거찰경내에 세워졌던 탑으로 지금까지 남아있는 백제의 유물 중 가장 대표적 문화재다. 그러나 나당연합군에 의해 소정방의 공적을 새겨 넣어 옥에 티를 남겼다.

이 자랑스러운 우리의 선조 백제인의 걸작품에 어찌해서 지울 수 없는 이방인의 더러운 글이 새겨져야만했는지…. 나라 잃은 백성들의 설움이 얼마나 컸으며 이긴 자의 횡포가 얼마나 방자했던지…. 그날의 오욕과 통분을 짐작할 만하다.

定林寺址 5層石塔은 높이10.3m의 화강석재 축조물로 2중대단 위에 우주와 판석으로 탑신을 만들었다. 5층까지 올라가면서 각층이 점점 작아져 안정감이 있고 탑신과 옥개석의 체감율이 일정한 수학의 공식을 따른 듯 자연스럽다. 1천3백여 년전 백제인들이 역학을 이용할 줄 알았던 것으로 짐작돼 그 당시 뛰어난 축탑술에 감탄할 수밖에 없다.

백제유물 거의가 세련미보다 자연미나 순박미를 지니고 있듯이 석탑에서도 섬세한 기교는 찾아볼 수 없고 부드럽게 흐른 선에서 무뚝뚝한 남성적인 멋을 느끼게 한다. 그러나 옥석의 귀를 가볍게 위로 들어 올려서 경쾌한 멋을 낸 것은 백제 석공의 의장솜씨가 능란했던 것만은 틀림없다.

익산군 금마면에 있는 미륵사지 석탑이 목조탑을 석조화한 것이라면 定林寺址5層石塔은 비록 목조탑의 번안적 양식을 보이고 있을망정 석탑으로서의 기본을 갖춘 전형적인 석탑이다.

일부에서는 정림사지5층석탑을 당장 소정방이 백제를 평정한 후 전승기념으로 탑을 세우고 비문을 새긴 기공비(記功碑. 평제탑)로 생각하는 사람이 있다. 그러나 그 짧은 시일동안 소정방이 그렇게 거대한 석탑을 만들었으리라곤 믿어지지 않는다.

지금은 5층石塔과 비로사나불상만이 우뚝 서 있지만 먼 옛날 그 자리에는 거찰이 있었음에 틀림없고 5층석탑은 백제사찰에서 단탑식 가람양식의 탑이 서 있을 자리에 서 있는 것이다. 이런 점으로 미루어 소정방이 이미 사찰 경내에 서 있는 석탑에 자기의 전공을 새겨 넣은 것이 틀림없다.

본국으로 돌아 가야할 소정방은 백제땅 여기저기에 자기의 전공을 기념할 흔적을 남겨놓고 싶었을 것이며 백제인이 소중히 여기는 물건이나 여러 사람의 눈길이 미치는 곳을 골라 영원히 지워지지 않을 기록을 새기게 했을 것이다.

이런 점은 현재 부여박물관 뜰에 있는 석연지(백제궁중에서 연꽃을 심어 완상했다는 석물)에도 소정방의 비문 한토막이 새겨져 있는 것으로 보아 쉽게 짐작할 만하다.

대당 평백제국비명은 현경 5년(서기660년 · 신라무열왕 6년 · 백제의자왕 20년) 8월에 5층석탑둘레에 새겨져 있다. 비문은 당장으로 참전했던 능주자사판병조 하수량이 지었고 낙주하남 권회소가 글씨를 썼다. 문체는 그 당시 유행하던 사육병려체이다.

비문은 당나라가 천자국의 고자세에서 멸망한 백제를 여지없이 짓밟아버린 문구들로 나열돼 있어 차마 옮겨놓기조차 부끄러운 글이다.

당나라가 백제를 정벌하게 된 동기와 과정, 그리고 참전했던 대총관 소정방이하 제장들의 인물과 경력을 소개 찬양했으며 특히 소정방에게는 많은 부분을 할애 그가 어떤 묘안기략으로 장졸들을 지휘 통솔하여 승리를 거두었고 백제유민과 전후처리를 어떻게 했는지에 대해 극히 개괄적이고 추상적인 문장으로 서술했다.

비명의 내용을 간략하게 간추려보면서 그 당시의 상황을 알아본다.

비문초두에 『천자는 만국을 평화롭게 통치하여 천유지락을 바로잡기 위해 이족이나 원방이라도 안정이 안 되고 분란이 있으면 평정한다. 당이 한을 대신하여 천하의 질서를 바로잡게 되었으나 아직도 중국의 근방과 해외제국이 이를 따르지 않아 천상을 어지럽히고 있다. 그들은 멀리 떨어져 있음과 험난한 지리적 조건을 기화로 마음대로 행동하고 예절을 지키지 않아 백성들의 원성을 사고 있으므로 황제가 신통력을 발휘하여 곤경에 있는 백성들을 구제하고 추악한 무리를 제거한다. 그러나 천자가 직접 나서기 전에 먼저 사국공 소정방을 대총관으로 내 보낸다』고 적어 백제를 정벌하게 된 동기를 밝혔다.

당을 절대적 존재인 천자국으로 추켜세웠음은 물론 당의 참전이 신라의 요청으로 이루어졌고 백제의 정벌이 나 · 당연합군에 의해서 이루어졌음에도 불구하고 신라에 대해서는 일언반구의 언급도 없다. 이런 점으로 미루어 당은 신라 역시 그들에 예속된 한 지방국으로 간주해서 당이 백제를 평정한 일이 신라와는 아무런 관계가 없다고 생각했을 것이다. 또한 비문에 신라를 끌어들여 그들의 전공에 흠을 내고 싶지도 않았을 것이다.

다음에 소정방의 경력을 소개하면서 용기와 성격 등을 찬양한 후 부대총관 유백영 · 동보량 · 김인문, 행군장사 양행의, 좌장

군총관 축××, 우일군총관 우원사, 우이도부총관 조계숙, 행군장사 마사상, 우릴군총관 유인원, 우무위중낭장 김양도, 좌일군총관 마연경 등 참전했던 당장들이 무예와 지략이 뛰어났다는 등 찬사를 늘어놓았다.

당장들의 인물을 소개하는 중간 중간에 다시 소정방의 용병전술과 전황, 그리고 소정방의 성지에 따른 군명과 전쟁 독려과정에 대한 찬사를 추상적인 묘사로 끼워 넣었다.

여기에 나오는 김인문과 김양도는 신라인이다. 김인문은 무열왕이고 문무왕의 친동생으로서 신라 대당 외교의 중책을 맡았었고 당은 그를 통해 신라나 백제 및 고구려의 정보를 파악했던 듯 하다. 그는 당장의 입장에서 출전하여 당병을 지휘하였고 전후에도 당에 건너가 거기서 벼슬을 지내다 당에서 일생을 마쳤다니 진정 신라인이라고 할 수가 없다. 신라가 고구려마저 함락 삼국통일을 이룩한 뒤 나·당의 관계가 악화되자 당이 김인문을 신라왕으로 바꿔 앉히려고까지 했다고 한다.

이어서 소정방이 백제를 평정한 후 전후조처로 의자왕과 태자 융 왕자 여효 등 13명, 그밖에 대수령대좌평 사타천복·국변성 이하 7백여 명을 당으로 잡아가는 내용이 비교적 구체적으로 기록돼 있다.

또한 점령 후의 행정구역과 호구수를 새겨 놓았는데 5도독37

주 2백50현을 설치하고 24만호에 인구가 6백20만이라고 했다. 그러나 호구수의 기록엔 앞뒤가 맞지 않는 점이 있다. 그 당시 아무리 대가족제도라 하더라도 24만호에 6백20만 명이라면 호당 인구가 25~26명이 되기 때문이다. 이상과 같은 사실을 동관이나 남궁에도 기록하여 놓았고 이정이나 경종에도 새겨놓았다고 했으나 현재 발견된 것이 없다. 앞서도 말한바와 같이 소정방이 자기의 전공기록을 5층석탑 외에도 여러 곳에 남겨 놓도록 지시했음은 이 비문을 보아도 알 수 있다.

이후 이 비문을 지은 하수량 자신에 대해 적었다. 그는 문사로서 종군했지만 마음은 장군이 되고 싶었고 문사를 부끄럽게 여긴 듯하다. 또한 군직에서 특별한 임무는 없었으며 전공도 신통치 못했던 것 같다.

하수량은 이 비문을 중용의 위치에서 작성했으며 수식을 피하고 사실만을 기록했다고 하지만 모두 옳지 않은 얘기다. 이 비문은 당이 전승국의 입장에서 신라나 백제와의 관계를 완전히 무시해버렸고 몇 가지 사실을 제외하고는 거의가 추상적이고 애매한 문구의 나열에 불과하기 때문이다. 비문의 끝 부문에 총 66구로 되어 있는 시구를 적어 놨다. 이 시구 역시 앞서의 비문과 같은 내용을 비문보다는 더욱 추상적으로 음영한 것이다.

인간생활의 태초에서부터 시작, 수렵시대의 순박한 세월을 거쳐 당 황제에 이르기까지의 과정을 읊은 후 중원 이외의 변방에 대한 천자의 권위를 나타내고 그에 배반하는 지역에 대해 정벌하는 상황을 비유적으로 묘사하고 있다.

비문 앞부분의 본문에서도 그렇거니와 뒤의 시구에서도 비록 비유적이긴 하지만 치욕적인 글귀가 많다. 몇 가지 예를 들어 보면 싸움터에서 적병을 무찌르는 장면묘사에서,

『얼음이 여름 해에 녹듯(빙소하일) 나뭇잎이 가을 서리에 부서지듯 (엽쇄추상)』이라고 했다. 또한 적장(백제 의자왕이나 백제장군을 의미했을 것임)의 항복하는 장면을

『거대한 살쾡이 머리를 내밀고 (거활수수) 도망치다 붙잡히니 목숨을 비네 (포주청명)』라고 표현했다.

이 얼마나 치욕적인 시구들인가…. 그러나 싸움에서 진 백제인들에겐 자기들이 소중히 여기는 거찰의 석탑에 이방인의 더러운 글귀가 새겨지는 것을 보고도 막을 힘이 없었다. 전쟁에서 패한 민족에겐 수모와 순종과 인고가 있을 뿐이다. 시구 끝부분에 5層 石塔이 있는 곳에 웅장한 시찰이 있었음을 증명해 주는 글귀들이 있다. 이 시구들은 5層石塔이 소정방의 전공을 기록하기 위해 세운 평제탑이 아니라는 것을 더욱 분명히 해주고 있다.

『화대에서 달을 바라보노라니 (화대망월)/패전이 공중에 떠있네(패전부공)/성스런 종소리 밤에 울리고(소종야갱)/맑은 범

패소리 새벽을 통해 나네(청범신통)/이것을 보찰에 새기어 (간자보찰)/수공을 기록하나니 (용기수공)』

틀림없이 절간의 야경을 읊었고 틀림없이 절(보찰)에 새겨놓는다고 했으니 5層石塔임에 틀림없다.

5層石塔에 새겨진 치욕적인 소정방의 비문은 1천3백여 년 동안 비에 씻기고 바람에 깎이어 거의 알아볼 수 없을 정도로 지워져 가고 있다. 그러나 비록 치욕의 비문이 완전히 마멸됐다고 해도 그 옛날 백제인이 겪은 수모는 영원히 씻을 수 없는 우리민족의 오점임에 틀림없다.

우리민족의 오점을 씻는 길은 세월에 쌓이는 비바람이 아니라 어느 누구에게도 흔들리지 않는 힘의 축적이다.

우리민족은 지금 소용돌이치는 이념분쟁의 와중에서 끊임없이 외부세계의 위협을 받고 있다. 다시는 민족의 자랑스러운 석탑에 이방인의 오욕의 글귀가 새겨져서는 안 되겠다. 〈비문해석 충남대학교 중국문학 과장 홍인표 교수〉

# 봉선홍경사갈(奉先弘慶寺碣)

〈천원군 성환읍 대홍리〉

오랜 가뭄 끝에 단비를 만나 생기를 되찾은 대지…. 아마도 부처님의 자비로움이 구름을 몰고 왔는지도 모를 일이다. 홍겨운 풍년가 속에 모를 내는 농부들의 일손이 바쁜 들판 풍경을 뒤로 제치며 국도를 따라 천안에서 성환을 조금 지나면 오른편 바로 길가에 3백여 평의 자그마한 소나무숲이 나선다. 봉선 홍경사갈은 이 숲속에 있다.(천원군 성환읍 대홍리 320).

이 너른 평야가 예전엔 도둑떼가 길목을 지키는 험준한 산골이었다니 9백여 년의 세월이 길기도 하지만 10년이면 강산도 변한다는 말을 실감 안 할 수가 없다.

홍경사갈은 고려 현종 17년(서기 1025년)에 홍경사란 사찰을 창건한 후 이를 기념하기 위해서 세운 빗돌이다.

당시엔 이 부근에 거찰이 자리 잡고 승려들의 발걸음이 끊이질 않았겠지만 지금은 흔적조차 찾을 길이 없다. 오랜 세월이 흐르는 동안 수차의 병란을 겪은 탓인가. 절이 섰던 자리는 논밭으로 변했고 빗돌만이 외로이 남아 그날의 영화를 전해 주고 있다.

화강석을 정교하게 다듬은 귀부의 거북머리를 오른편으로 돌리고 있어 특이한 인상을 느끼게 한다. 거북 등에 업힌 연화석대 위에 올려 세운 비신의 높이는 2m폭은 1m, 비석테두리에는 당초문, 가첨석엔 운문을 조각했다. 9백여 년이 지난 오늘까지 별로 마멸되지 않은 채 깨끗이 보존된 홍경사갈은 돌을 다룬 솜씨가 섬세하고 뛰어나 고려 때 사찰창건비로는 원주 거둔사의 것과 함께 드물게 전해오는 귀중한 빗돌 중의 하나이다.

고려조 4백75년 동안 사상계를 지배해 온 것은 불교였다. 고려의 불교는 개인적인 신앙이라기보다 국가적인 신앙이었으며 사찰도 불교자체를 위한 것이라기보다 국가를 위한 의의가 더 컸다.

려대에는 대장경조판의 거업이 몇 번이나 있었으며 개경을 비롯해서 곳곳에 수많은 국립사찰이 잇달아 창건되었다. 승려의 사회적 지위도 대단했다. 덕이 있는 명승을 가려 국사 또는 왕사를 삼아 왕실의 고문자격을 주었으며 문관시험인 과거와 병행하여 승과제도를 두어 승려에게도 출세의 길을 열어주기도 했다.

승려는 본래 불도수행에 전념하는 것이 원칙이겠으나 그 당시엔 국가 · 사회 의 공익사업에도 종사하여 민중교화 · 시료사업 · 행려자보호는 물론 토목공사 내지 군사적 임무를 맡기도 했다.

홍경사갈 비문에는『초제 (관부에서 이름을 지어준 절) 라는 절은 여러 곳의 영특하고 준수한 사람들을 불러 모아 불법을 널리 천양시키는 곳이며 곧 그들의 생활처이고 안식처였다.

장자는 그곳에서 인의를 본다고 했고 진서엔 나그네를 안주시켜 공사를 구제한다고 했다. 이곳에 새 절을 짓고자함도 이 때문이다』라고 홍경사를 창건한 연유를 밝혔다.

또한 현종이 좌우의 여러 고승과 대신들에게 절을 세우는 뜻을 분부한 내용도 담겨있다.『옛날 선왕께서 왕위에 오르시기 전에 불(佛)세계에서 수양을 하셨고 승하 하실 때도 법화의 묘설에 의하셨으니 생전에 불사에 뜻이 있었으나 실현치 못하셨다. 내가 자식 된 도리로 그 뜻을 받들어 영원한 일을 이루고자함이니 그 하나는 험악한 지역에서 도적들로부터 양민과 여행자를 구제하려함이요, 또 하나는 불법을 일으킬 승려와 선사를 양성

코자 함이다.』라고 했다. 홍경사란 절 이름위에「봉선」이란 말을 붙인 이유도 선왕의 뜻을 받들음을 강조하기 위해서인 듯하다.

앞서도 말했듯이 홍경사가 서기전 이 부근은 사람이 살지 않아 칡과 창포만이 우거진 깊은 산골이었던 듯하다. 중요한 교통의 요충지이면서도 도적들이 생활해서 왕래하기가 어려웠다고 한다. 도적을 우려하여 절을 세운 후에도 높은 누석에 북을 달아 놓고 울렸다니 얼마나 한적한 험로이었는지 짐작할 만하다.

여하튼 홍경사가 세워진 후로는 이 부근을 지나는 나그네들이 위험 없이 마음 놓고 다닐 수 있었으며 공부하고 수양하는 이들에겐 진리를 깨닫는데 알맞은 곳이었다니 절 자리는 잘 잡은듯하다.

여러 차례에 걸친 현종의 명을 받은 여러 대신들이 힘을 합하여 사찰창건에 착수, 바쁜 농사철을 피하고 국가의 부역을 맡은 공노들을 괴롭히지 않는 범위에서 역사를 벌였는데 구름과 같이 몰려들어 벌떼와 같이 합세했다고 한다.

현종 7년 가을에 착공하여 현종 12년에 준공하였다니 무려 6년이나 걸린 대역사였다. 홍경사같은 절이 세워진지 다시 5년 후 현종 17년에 건립되었다.

『절의 크기가 2백여 칸이나 되었고 왕께서 봉선 홍경사라는 액자를 내렸으니 그 장엄함과 아름다움은 비길 곳이 없었다. 밤에는 1천등이 서로 이어져 그 장관은 날아다니는 새들도 의아하게 여기는 듯 했다.』고 했으니 절의 규모를 짐작할 만하다. 문종 10년(서기 1056년)에 기공 12년이나 걸려 완성한 홍왕사(8백칸의 국립대찰)에 비길 바는 못 된다 하더라도 상당히 큰 규모였음을 상상할 수 있다.

한・일합병초 일본인들이 현재 비석이 서 있는 부근 홍경사지에서 절의 초석을 여러트럭 채굴하여 석재로 이용했으며 인근 동리에서도 많은 석재를 캐내 가옥건축에 썼다고 한다. 이 부근 땅을 파면 아직도 그 당시의 기와조각이 나오고 상당량의 초석이 지금도 묻혀 있는 것으로 알려지고 있다.

고려초에는 사탑의 건조 등 잇달은 대규모의 불사로 국가재정의 부담과 백성들의 부역이 과중했던 듯하다. 비문에 농번기와 공노의 혹사를 피했다고 강조한 것은 그러한 폐단을 감추려 한 것임에 틀림없다.

홍경사 서쪽에는 불사와 마주서서 객사 한 채가 있었는데 크기가 80칸이나 되고 이름을「광록통화원」이라고 불렀다고 한다. 겨울에는 따뜻하고 여름에는 시원하다고 했으니 그 시설과 구조가 훌륭했던 모양이다.

사찰은 원래 승려들이 불도를 닦는 곳이겠지만 그 당시엔 여러 가지 사회공익사업을 펴는 장소로도 큰 몫을 차지하고 있었던 듯 하다. 홍경사도 이러한 목적을 겸해서 창건된 절이다.

교통의 요지이면서도 도적들이 횡행, 왕래하기가 어려웠던 이 지역의 안전한 통행을 도모했음은 물론 피곤한 나그네들을 묵어가게 하고 지친 길손을 쉬어가게 하며 배고픈 행인의 배를 축이게 하는 여행자구호사업에도 한 몫을 했다.

또한 식량을 저축했다가 흉년에 백성을 구제하는 대비책이 있었다고 하니 아마 창고시설도 있었던 듯하다. 비문에 의하면 홍경사는 사원인 동시에 산속의 도적을 쫓는 초소였으며 여행자를 재우는 여관이요 부민을 구제하는 구휼소였다. 홍경사갈 비문에서 고려사찰의 다각적인 역할을 알 수 있게 됐다.

비문 초두에 「때는 바야흐로 도덕이 성왕하여 성상께서는 인으로서 학문을 존중하는 덕이 있었으므로 총칼로서 양민을 해치는 무리들이 모두 쇄잔하게 되었으니 예악형정이 다스려지지 않은바가 없었다. 이에 백성에게 베풀고 선대를 추모하는 사업은 역사에서도 찾아볼 수 없었다.」고 현종의 치적을 찬양했다.

홍경사갈의 비문은 최충이 지었다. 최충은 고려융성기인 11대 문종 때 사계의 최고권위를 갖고 백성의 추앙을 받던 학자이며 정계의 원로였다.

7대 목종 이후 4대에 걸쳐 형부상서 · 중추원사 · 문하시중(수상) · 평장사 · 도마병사 등을 거쳐 태사중서회를 지내면서 학계의 최고봉으로 왕을 도와 정치에 많은 힘을 썼다. 고령으로 퇴야한 노후에는 구제학당이란 학원을 사설하고 교육에 전념, 후진을 지도했다. 최충에게 모여드는 학도들은 수없이 많았고 주로 과거에 응시할 자제들을 많이 포용 경학 · 사학 · 문예를 가르쳤다.

고려유학을 크게 발달시켰고 사숙을 일으켜 교육을 진흥시킨 최충을 그때 사람들은 해동공자라고 불렀다. 불교의 사찰을 창건하고 이를 기리는 비문을 유학자가 지었다는 데는 다소 의아스럽게도 여겨진다. 그러나 고려 초기나 중엽에는 유교와 불교가 서로 표리병립하여 비교적 밀접한 관계를 가지고 있었으므로 유학자로서 불교를 신봉하는 사람이 많았고 승려로서 유학에 겸통하는 사람이 많았었기 때문에 쉽게 이해할 수 있다.

그때 사람들의 일반적인 견해는 불교가 인간의 내적 생활(정신생활)을 주안으로 삼는 교학이고, 유교는 인간의 외적 생활(실제생활)에 치중하는 교학이라는 공통관념을 가지고 있었다.

홍경사갈은 고려 때 사찰창건비로 귀중한 문화재이다. 고려 때에는 서있는 부근 일대가 모두 절터였을 텐데 지금의 사적지 면적은 고작 3백여 평…. 초라하게 버려진 느낌마저 든다.

1967년 비의 하반신이 땅속에 묻혀있는 것을 원형을 찾아 보수하고 철책을 둘러놓기는 했으나 소중한 우리 선조의 유물을 보존하기에는 미흡하기 짝이 없는 시설이다. 금년에 국비 7백50만원을 들여 비각을 세울 계획이라니 늦게나마 무척 다행스러운 일이다. 〈비문해석 이안정씨〉

## 백세청풍비(百世淸風碑)

〈금산군 부리면 불이리〉

〈5백년 도읍지를 필마로 돌아드니 산천은 의구한데 인걸은 간데 없네 어즈버 태평연월이 꿈이런가 하노라.〉 이 한 수의 시조로 해서 고려말엽의 뛰어난 유학자 야은 길재를 모르는 사람이 거의 없을 것이다.

목은 이색 · 포은 정몽주와 함께 고려조 3은으로 일컬어오는 야은 길재(1353~1419년)는 목은 · 포은 · 양촌(권구)의 문하에서 성리학을 이어받아 후세에 길이 전한 우리나라 유학발전의 공로자이다.

그의 학문은 강호 김서자, 그의 아들 점필제 김종직 · 한훤당 김굉필 · 정암 조광조 등이 차례로 이어받아 유학계뿐만 아니라 우리나라 문화에도 커다란 공적을 남겼다.

그러나 그의 깊은 학문보다는 숭고한 덕행이 더욱 후세에 짙은 향기를 풍겨주고 있다. 그는 권세에 휩쓸리기 쉽고 이해득실에 기울기 쉬운 어지러운 세상에서 불사이군의 높고 맑은 절개로서 고려를 지켜온 선비이기 때문이다.

장마권에 들어선 듯 찌푸린 날씨에 간간이 차창을 때리는 빗줄기속을 7백의사의 호국정신이 깃든 충절로를 따라 가노라면 마음마저 숙연해진다. 금산에서 다시 2km쯤 야은의 곧고 굳은 지조가 곳곳에 스며있을 듯한 비포장도로를 가다보면 금산군 부리면 불이리 길 왼편에 바로 비각이 나선다.

「백세청풍」이라고 뚜렷하게 새긴 커다란 네 글자가 위압감마저 준다. 백세청풍비 왼편에는 「지주중류」비가 우뚝 버티고 서서 마치 급류에도 굽히지 않는 듯 지주와 같이 야은의 충절을 전해주고 있다.

백세청풍비 뒤편엔 야은의 진영과 위패를 모시고 춘추로 제향을 드리는 사우「청풍사」가 자리 잡고 있다. 청풍사 옆엔 야은의 충절과 덕행을 이어받은 인물을 양성해온 서원이 오랜 세월에 시달려온 듯 퇴락한 모습으로 서있다.

일명 금오산인이라고 불리어 오는 야은은 고려 공민왕 2년(1353년) 중정대부 금주지사 원진의 아들로 경상도 선산 봉계리에서 태어났다. 낳은 곳은 선산이지만, 자라기는 외가인 금산에서였으며 부친이 금주지사로 있을 때 이 고을 신씨와 결혼을 했고 이 곳에서 부친상을 당하였으니 금산은 야은의 제2의 고향이 아닐 수 없다.

야은의 나이 8세 때 보성대판이 되어 임지로 떠나는 부모와 떨어져 금산외가에 홀로 남게 됐다. 벼슬살이의 봉록이 박해서 밥먹기가 어려워 떠맡기고 갔다고 한다.

『가재야 가재야/너도 엄마를 잃었느냐/나도 엄마를 잃었단다/삶아 먹을 줄 알건마는/엄마 잃은 것 날 같애/놓아 보내준다』

어린 나이에 어머니와 이별하고 어머니를 보고 싶은 애틋한 심정을 시냇가에서 놀다 잡은 가재에게 하소연한 노래다.

야은은 이렇게 어렸을 때부터 훌륭한 글재주를 가진 것 같다.

백세청풍비에는 야은의 곧은 충절과 높은 학문과 중요한 행적이 새겨져 있다.

『대저 절의가 고금을 움직여 쇠퇴한 풍속을 일으키고 퇴폐한 세파를 격동시키는 것은 마치 바람이 우주를 움직여 만물을 떨치게 하는 것과 같으므로 예부터 절의를 논하는 이는 모두 바람에 비유했다. 고려조 주서 야은 길재선생의 높은 의기와 큰 절개는 높고 높아 이름 지을 수 없다. 아마도 선생의 바람은 산고수장한 조대의 바람인가. 소나무와 국화가 있는 북창의 바람인가. 일월처럼 맑고 태산처럼 높은 백이의 바람인가.』

야은의 절의를 동강에서 낚시질하던 엄자능과 북창의 청풍을 즐기던 도연명과 은나라 백이에 비유했으며 백세청풍의 「청풍」에 대한 해설을 비문첫머리에 새겨놨다.

『아! 선생의 의는 곧 백이의 의요, 선생의 절은 곧 백이의 절이다. 고려에 선생이 있는 것은 은에 백이가 있는 것과 같으니 의열에 감동되어 높은 바람을 흠앙하는데 전대와 후대가 무엇이 다르랴.』

중국 주나라 무왕이 은나라를 치려는 것을 아우 숙제와 함께 말리다 뜻을 못 이루고 수양산에 들어가 고사리를 캐먹다 죽은 백이의 절의가 야은의 절의와 같음을 강조했다. 비문의 뒷부분에 써 있듯이 백세청풍비도 해주 수양산 청성묘에 있는 주자의 글씨「백세청풍」네 글자를 갖다 새긴 것이다. 믿을 수는 없는 일이지만 주자의 글씨를 가져올 때 풍랑이 높이 일어 뱃길이 위험하자 백세청풍의 풍자를 찢어 바다에 던지고 파도를 잠재워 무사히 돌아왔다는 얘기도 있다.

그래서 현재 백세청풍비의 풍자는 주자의 글씨가 아니고 모방해서 써 넣었기 때문에 글씨체가 다르다고 한다.

야은은 22세에 생원시, 31세에 사마감시를 거쳐 34세 때 진사에 합격하여 충주목사에 보직 되었으나 의리에 마땅치 않다고 생각 부임하지 않았다. 그 뒤로 성균관 학정이 되고 박사에 승진하자 태학의 생도들과 양반의 자제들이 다투어 배움을 청해 몰려들었다.

이윽고 37세 때 문하주서의 관직을 받았으나 나라의 정세가 어지러워짐을 보고 깊이 깨달은 바가 있어 늙은 어머니를 봉양하겠다는 핑계로 벼슬자리를 떠나 고향으로 돌아갔다. 이후 임천에서 고요히 지내면서 도학을 일으키고 후진을 가르치는데 그의 온 정성을 쏟았다.

그 뒤로 2년 만에 고려가 망하고 조선조가 들어섰다. 고려가 망하자 옛 임금을 위해 3년 동안 한결같이 상복을 입고 과일과 소금을 먹지 않으면서 부모상을 치르는 듯 했다.

야은은 은거한 후 이미 부귀빈천을 초월 마음속으로 고려를 지키면서 향리자제들을 교육하는데 전념 동구밖도 나가지 않았다고 한다. 비문에는『이조정종 경진년에 태종이 세자의 위에 오르자 선생을 불렀으니 옛날 동학하던 구정 때문이었다. 태상박사의 벼슬을 주었으나 선생은 글을 올려 두성을 섬기지 않겠다는 의리를 진술하고 죽음을 맹세코 수절하였다. 임금은 그의 절의를 아름답게 여겨 우대의 예로 보냈다.』고 야은의 굳은 절개를 새겼다.

이때 야은은 『신문여무이부(臣聞女無二夫)요 신무이주(臣無二主) 라하니 걸방귀전리하여 종양노모 하니 이수신불사이성지지(以遂臣不事二姓之志)하소서.』 (동국여지승람)라는 요지의 상서를 하고 구정을 잊지 않은 점에만 사의를 밝히고 돌아왔다고 한다.

물질세계의 부귀와 영화를 박차고 정신세계의 자유와 도의를 지킨 야은의 학자적 양심과 숭고한 절의는 오늘에도 우리민족의 지표가 되어야 할 것이다.

『당시에 포은은 죽었는데 선생은 옛날 왕촉처럼 자살하지 않았다고 두 분이 같지 않다고 의심하는 이도 있으나 군자는 그렇지 않다고 한다. 옛적 은나라가 망할 때 비간은 죽고 미자는 가고 기자는 거짓으로 신하와 종이 되어 그 처신이 달랐으나 공자는 그들을 아울러 3인(仁)이라 하였으니 지금 선생과 포은의 죽고 삶은 비록 다르나 인을 이룬 것은 같은 것이다. 두선생의 지성이 은의 3인과 같은 것을 누가 의심하랴. 더구나 포은은 당시의 대신이요 선생은 이미 은퇴하였으니 처지가 다르므로 처신이 같지 않았으나 모두 의에 지극함이 아님이 없다.

그리고 선생이 이조를 만나 기자가 주 무왕을 만난 것과 같이 마침내 굽히지 않는 절의를 지켰으며 만일 연인燕人)처럼 협박

이 있었다면 역시 왕촉처럼 죽지 아니 했겠는가』 라고 부연하면서 연인이 제나라를 치고 왕촉의 항복을 받으려 하자 왕촉이 충신불사이군 열녀불경이부라 하고 목매어 죽은 고사를 인용 비록 야은이 고려와 함께 목숨을 끊지 않았다 하더라도 그의 충절은 변함이 없음을 강조했다.

야은의 만년에 세종대왕이 즉위하여 그의 절의를 높이 사는 뜻에서 그의 아들 사순을 서용키로 하고 군명을 내리니 야은은 『내가 고려를 섬기던 마음씨로 너는 조선을 섬기라.』고 아들에게 일러 부자를 달리해서 임금 섬기는 의리를 분명히 하기도 했다.

야은은 15세 때 사록 박분에게 가서 논어와 맹자를 배워 성리학을 들었고 뒤에 포은문하에서 더욱 넓고 밝은 도를 익혔다. 포은을 정점으로 야은이 이어받은 동방이학은 다시 아래로 할훤·정암을 통해 훌륭하게 학통을 이어왔다. 야은은 늘 말하기를 『사람이 움직일 때 차질이 있는 것은 가만히 있을 때 마음을 잘못 갖기 때문이다.』 라고 하며 밤에는 반드시 만념을 버리고 단정히 앉아 수양하였다고 한다.

백세청풍비문을 지은 서애 유성룡은『아 선생은 우리동방의 백이다. 후세에 백이를 아는 이는 선생을 알 수 있을 것이다. 맑은 바람은 곱게 펼쳐져 백세에도 끊임이 없으니 앞에는 백이요,

뒤에는 선생이 있어 만고의 망상을 맡고 온 누리에 바람소리를 떨친다 할 수 있다. 선생이 이미 백이의 풍을 듣고 일어났으니 선생의 뒤에 선생의 풍(風)을 듣는 이가 어찌 일어남이 없겠는가. 이에 감히 유풍을 사모하여 이글을 써서 쇠퇴한 세상의 풍절을 격양하려 하노라.』고 비문 맨 끝에 야은의 높은 절개를 길이 전하는 뜻을 새겼다.

야은이 어린 시절을 보냈고 백세청풍비가 서 있는 이곳의 고을 이름은 본래 부리(富利)라고 하였으나 후세 사람들이 야은의 불사이성(不事二姓)한 깊은 충절을 기려 불이(不二)라 바꿔 불러 오늘까지 내려오고 있다. 또한 야은의 곧고 굳은 절개가 서린 불이리의 이름은 앞으로도 영원히 변치 않고 전해 내려갈 것이다.

금력과 권력이 지배하는 물질세계의 부귀영화는 흐르는 세월 따라 변전하며 덧없이 흘러가 버리는 것이지만 정신세계의 자유와 도의는 아무리 오랜 세월이 흐른다 해도 연면히 이어져 가고 있다.

야은의 삶의 자세는 현대에 사는 우리에게 뿐만 아니라 영원히 우리 후손들에게도 인간생활 가치판단의 도표가 되어줄 것이다.

〈비문해석 이안정씨 · 야은 吉선생 문집〉

## 중봉 조선생 일군순의비(重峰 趙先生 一軍殉義碑)

〈금산군 금성면 의총리〉

우리민족의 5천년 역사는 주위 여러 민족의 끊임없는 외침에 시달려온 고난의 역사이기도 하지만 침략자와의 항쟁 속에서도 단일민족국가로서 주체적인 민족문화를 계승발전 시켜온 위대한 역사이기도 하다. 우리의 역사 속에는 침략자를 몰아내고 조국을 지킨 백의민족의 용기와 투지로 뭉쳐진 호국정신이 끊이지 않고 맥맥히 흐르고 있다.

특히 일본과는 3국시대 왜구의 침입 이래 근대의 제국주의 침략에 이르기까지 2천여 년을 두고 거의 영일 없이 뼈저린 항쟁을 되풀이해 왔다. 임진왜란 7년 동안의 항쟁을 통해서도 나라와 백성을 지키기 위하여 순국한 민족의 영웅들은 수없이 많았다. 이 곳 7백의총에 잠들어 있는 7백의 의사들도 살신보국의 정신으로 조국수호에 스스로 목숨을 바친 자랑스러운 조상들이다.

지금으로부터 3백80여 년전 금산땅 눈벌을 적신 7백의사의 선혈은 일본의 침략으로 나라를 잃었을 때, 공산침략자들이 평화로운 강토를 더럽혔을 때 이들을 무찌르기 위해 조국의 산하를 물들인 붉은 피로 이어져 오늘날까지 민족과 국가를 지켜오고 있다.

금산에서 북쪽으로 4km쯤 금성면 의총리 경양산의 7백의총은 임진왜란 때(1592년) 조헌선생과 영규대사가 이끄는 7백의사가 금산을 점거하고 있던 외적을 무찌르다 전원이 순절한 시신을 한곳에 모신 무덤이며 이 묘역에 있는 중봉 조선생 일군순의비는 조헌선생을 비롯한 7백의사의 순국충혼을 위무하고 이들의 호국정신을 후세에 길이 전하기 위해 세운 비다.

조헌선생(1544~1592년)의 자는 여식 호는 중봉으로 조선조 14대 선조 때 학자이며 의사이다.

1567년 문과에 급제한 후 벼슬은 공공조좌랑까지 올랐었다. 1591년 일본사신이 오자 옥천에서 도끼를 가지고 상경 사신을 처단할 것을 상소했으며 일본의 침략을 예견하고 국방의 강화를 역설한 선각자였다.

중봉조선생 순의비에는 조헌선생이 일으킨 의병이 청주성을 수복하고 금산싸움에서 7백의사가 순절한 사실 이 생생하게 기록돼 있다. 비문에 담긴 금산싸움을 통해 선열들의 호국정신을 되새겨본다.

임진왜란이 일어나자 2백년간 전쟁의 경험 없이 평화를 누려온 우리군대는 오랜 전국시대를 통해 단련된 왜군을 막아낼 길이 없어 가는 곳마다 패배했다.

선조25년 4월 13일 왜군이 부산을 상륙한지 20일 만에 서울이 유린되고 이어 개성 평양이 함락되어 임금은 의주로 몽진해야만 했다. 이때 조헌선생은 옥천 시골집에 있다가 옷자락을 걷어붙이고 일어나서 피눈물을 흘리며 격문을 써 돌리어 의병을 모집했다. 선생과 뜻을 같이한 제자, 선비들이 순찰사나 군수의 방해를 무릎 쓰고 선생의 절의를 사모하여 1천 6백여 명이나 앞을 다투어 모여 들었다.

마침내 식량을 모으는 한편 무기를 만들어 7월 4일 공주에서 깃발을 세우고 북을 울리며 첫발을 내디뎠다.

조헌선생을 비롯한 1천 6백여 의병들은 나라의 녹을 먹는 정규의 관군이 아니다. 군복 대신 흰바지 저고리를 입고 총칼대신 쇠스랑과 몽둥이를 잡은 학자요 농군들이다. 국난을 맞아 기우는 국운을 바로잡고 꺼져가는 나라를 구하기 위해 스스로 일어선 평범한 백성들이다. 여기에 바로 의병의 숭고한 정신적 의의가 깃들어 있는 것이다.

더구나 조헌선생은 당시 정권을 잡고 있었던 동인들로부터 푸대접을 받아 유배까지 당한 터였으므로 정사를 방관할 수도 있었던 심정이었으나 나라의 위급한 때를 맞아 사심을 버리고 호국의 의기로 분연히 일어섰던 것이다.

조헌선생은 의병을 이끌고 왜적이 점령하고 있는 청주로 진격, 청주서문 밖에 영주대사가 이끄는 승군과 함께 연을 쳤다. 조헌선생의 의병과 영규대사의 승군은 합세하여 왜군을 공략했다.

조헌선생은 화살과 총탄이 비 오듯 날아오는 속에서 앞장서서 하루 종일 직접 싸움을 지휘했다. 마침내 왜군은 큰 손실을 입고 그들의 시체를 불에 태운 후 밤중에 달아나고 말았으며 이로 인하여 충청좌도의 각지에 주둔했던 왜군들도 모두 도망쳐 버렸다. 총칼을 든 관군들이 물리치지 못한 왜군을 백의와 승복을 입은 의병들이 맨주먹으로 물리쳤던 것이다.

조헌선생은 정예부대를 선발 편성하여 임금이 있는 곳으로 곧장 달려가려 하였으나 이때에 금산을 점령하고 있던 왜군이 다시 기세를 떨치어 충청도 전성을 침략하려하고 있었다.

『국가의 영토가 모두 적에게 점령당하고 오직 충청좌·우도

만이 화를 면하고 있으니 아마도 이것은 하늘이 우리를 도와서 이것을 터전삼아 국가중흥의 기틀을 마련하게 하는 것인 듯합니다. 지금 여기를 버려두고 서쪽으로 올라간다면 이것은 충청좌 · 우도를 포기하는 것이니 반드시 먼저 금산의 적군을 소탕하여 후방을 교란할 적군을 없애고 나서 임금께 충성해도 늦지 않겠습니다.』 고 많은 부하들이 주장했다.

조헌선생은 마침내 금산의 왜적 을 우선 칠 결심으로 공주에 돌아와 순찰사와 협의를 했으나 의견이 합치되지 않았다. 이것은 조헌선생이 의병을 일으키면서 순찰사에게 편지를 보내 군대를 가지고 자신만을 호위하면서 임금께 충성을 바칠 뜻이 없으니 이는 충신과 의사의 사기를 저상시키는 것이라고 책망한 것을 순찰사가 마음에 두고 있었기 때문이다.

이때 이미 순찰사는 여러 고을에 공문을 보내 선생의 부하로 들어가서 활약하는 의병들에 대하여는 그들의 부모와 처자를 잡아 가두게 하고 관군에게 명령을 내려 의병에게 조금도 지원을 못하게 했다.

이 때문에 선생의 부하군대들은 많이 흩어져 돌아가고 다만 7백 명의 의사만이 선생을 따라 목숨을 바칠 각오를 할뿐이었다. 우리의 의병들이 왜병과의 항쟁에만도 힘이 벅찬데 관군의 방해를 받는 쓰라림을 겪어야한다는 일은 가슴 아픈 일이 아닐 수 없었다. 8월 16일 군대를 움직여 금산으로 향했다.

별장이 『수만의 정예부대를 오합지중으로 어찌 대항할 수 있겠습니까. 군대를 정비하고 나라의 명분을 기다려야 할 줄 압니다.』 고 강력히 주장하였으나 선생은 『위급한 이때 어찌 전쟁의 이해를 따질 수 있겠는가. 한번 죽는다는 것밖에 생각할 수 없다.』고 눈물로 맹세하고 영규대사의 승군과 연합하여 전진했다.

금산싸움은 이와 같이 불리한 여건에서 질 것을 알면서도 오직 호국의 의지로 죽음을 각오한 싸움이었다.

금산싸움에 앞서 호남순찰사 권율과 8월 18일 군대를 파견하여 함께 협공하기로 약속되어 있었는데 권율이 기일을 늦추자고 제의해 왔었으나 그 편지를 미처 받지 못하고 조헌선생은 벌써 금산군 10리 밖까지 진주 호남원군을 기다리고 있었다. 이 사실을 정탐한 왜적들은 우리가 미처 진을 치지 못한 기회를 틈타 군대를 세 갈래로 나누어 교대로 공격해 왔다.

조헌선생은 『오늘의 사태는 죽음만이 있을 뿐이다. 죽든가 살든가 앞서든가 물러서든가 간에 다만 의에 부끄럽지 않아야 된다.』 고 의병들에게 명령을 내렸다.

모든 군대들은 묵묵히 명령에 복종하여 죽을힘을 다해서 상당한 시간을 끌며 싸웠다. 적은 3번이나 패하여 달아났으나 우리 측도 화살이 떨어졌다. 군대를 정돈한 적은 드디어 우리의 진영을 짓밟고 들어왔다.

부하들이 조헌선생에게 피하기를 권했으나 『남자가 죽을지언정 구차하게 살 생각을 해서는 안 된다.』고 끝까지 북채를 잡고 싸움을 격려했다.

의병들은 맨주먹으로 치고 받으며 죽음을 무릅쓰고 끝까지 싸우다가 마침내 선생과 함께 모두 산화했다.

왜군도 상당한 병력을 잃고 세력이 꺾이어 무주에 주둔했던 부대와 함께 다른 지방으로 달아나 버렸다. 이리하여 호서와 호남 땅을 완전히 확보하였고 전승의 기틀을 잡았다.

조헌선생을 비롯한 7백의사는 비록 싸움에서는 졌지만 그리고 모두의 목숨을 잃었지만 결국 적을 막아내고 물리쳤던 것이다.

싸움이 끝난 이튿날 조헌선생의 아우 조범이 죽음을 무릅쓰고 형의 시체를 옥천으로 업어 모셨으며 그 후 다시 사흘 뒤에 조헌선생의 제자 박정량·전승업이 7백의사의 시신을 모아 한무덤을 만들고 이를 7백의사총이라 이름 붙였다.

이후 바로 7백의사총에 비를 세워 7백의사의 넋을 위로하고 국난을 맞아 순절한 7백이사의 호국정신을 후세에 길이 전하려는 운동이 추진되었다. 1603년 4월 임진왜란 11년 후에 비로소 해평부원군이었던 윤근수가 글을 짓고 동지돈령부사를 지낸 김현성이 글씨를 써 중봉조선생일군순의비는 건립되었다.

1940년 이후 우리민족문화의 말살에 혈안이 되었던 일제가 항일의 정신적 터전인 7백의총을 그대로 놔둘 리 없었다.

종용사는 물론 강당 · 부속건물을 헐고 분묘까지 파헤쳤으며 일군순의비마저 폭파해버렸다. 살신보국의 정신이 깃든 숭고한 민족혼의 악랄한 유린이었다.

중봉조선생일군순의비가 폭파될 때 갑자기 하늘에 먹구름이 덮이면서 뇌성벽력이 일어 일본인들이 혼비백산하여 도망쳤다고 한다.

파비를 안타깝게 여긴 주민들이 일본인의 눈을 피해 부서진 비조각을 모아 땅속에 묻어 보존했다가 8 · 15해방 후에 파냈다고 한다. 건국 후에도 오랫동안 온전히 보관되지 못하고 흩어져 있던 것을 1971년 7백의총 경역확장 때 파비를 붙여서 비각을 세우고 제자리를 잡았다.

한편 금산 군민들의 성금으로 한문순의비를 번역 한글로 쓴 중봉조선생 일군순의비를 마련 옆에 나란히 세웠다.

중봉조선생 일군순의비에 담긴 임전무퇴의 거룩한 호국정신은 공산침략의 위협 속에 살아가야하는 오늘의 우리민족에게 나라가 위급할 때 국민이 걸어야 할 길을 가르쳐주고 있다.

7백의총에 고이 잠든 7백의사의 구국의기는 흘러간 역사속의 유물이 아니라 오늘에 사는 우리민족의 가슴마다에 살아있는 민족혼인 것이다.

## 효자향덕비(孝子向德碑) 효자이복비(孝子利福碑)

〈공주〉

동방의 예의바른 나라로 유교의 전통적 도덕관에 젖어온 우리 나라엔 예부터 어느 고을에나 충신 · 효자 · 열녀가 없는 곳이 없었다.

더구나 양반의 고장으로 알려진 충청도에는 고래로 나라를 위해 목숨을 바친 이름난 충신, 부모를 위해 정성을 다한 효자, 남편을 위해 정절을 지킨 특출한 열녀가 많아 이들을 기리고 표창하는 정문이나 정려가 거의 마을마다 세워지기도 했다.

운명하는 부모의 입에 손가락을 잘라 피를 흘려 넣은 일이 우매하고 무지한 야만적 행동일지는 몰라도 부모를 위하는 자식의 그 애절한 지성이야말로 인간이 지녀야 할 기본적 도리가 아닐 수 없다.

변전하는 역사와 시대의 흐름 속에서도 충효의 행동양식은 달라질지언정 충효의 도덕적 양심만은 인류가 생존하는 마지막 날까지 영원히 변함이 없을 것이다.

공주에 있는 두비의 주인공 향덕과 이복의 효행도 어리석었는지는 몰라도 그들의 효심만은 누구나가 본받아야할 사표로 1천여년이 지난 오늘날까지 기려지고 있다.

◇신라효자 향덕지려

삼국사기 권 48 열전 제8에 신라효자향덕의 아름다운 이야기가

실려 비와 함께 그의 효행이 전해 오고 있다.

지금으로부터 1천2백여년전 신라 경덕현때 공주군 계룡면 소학리 (당시 지명은 우천주판적) 에 향덕이라는 사람이 살고 있었다.

향덕의 부친 선(자는 번길 )은 태어나면서부터 성질이 온순히고 행실이 바라 마을사람들의 칭찬을 받았다고 한다. 그의 모친은 어떤 분인지 알려져 오지 않았다.

향덕도 부친의 성품을 이어받아 타고 났음인지 평소에도 부모를 극진히 모셔 많은 사람들이 그의 덕행을 칭송했다.

신라 경덕왕 14년(755년 당 현종천보 14년) 전국에 큰 흉년이 든 데다 나쁜 병마저 돌았다. 백성들은 초근목피로 연명하는 굶주림 속에서 몹쓸 돌림병에 많은 사람이 죽어갔다.

향덕의 부모도 떠도는 몹쓸 병에 (일설엔 문둥병이라고 전해온다) 걸리게 됐다. 이때 어머니는 콧병마저 걸렸다. 넉넉지 못한 살림에 백방으로 여러 가지 약을 구해 써 봤으나 조금도 차도가 없이 빈사 상태에 이르렀다.

효성이 지극한 향덕은 며칠 밤을 새워가며 옷도 갈아입지 않고 부모 곁에 앉아 온갖 정성을 다해 간호했으나 병은 나을 줄을 몰랐다.

그때 떠도는 소문으로는 몹쓸 돌림병에는 사람의 고기나 잉어

고기를 먹어야 낫는다고들 했다. 엄동설한에 잉어를 구하기도 힘든 일이지만 사람의 고기를 구한다는 일은 생각조차 못할 일이었다. 부모의 병을 고칠 약을 알면서도 어찌할 수 없는 향덕의 마음은 찢어질 듯 아팠다.

며칠 동안 궁리한 끝에 마음을 정한 향덕은 자기의 넓적다리 살을 떼내어 부모에게 끓여 먹였다. 일설에는 가난한 살림에 흉년까지 겹쳐 먹을 것이 변변치 못해 살을 베어내 봉양하였다고도 한다.

한편 향덕은 살을 떼어낸 넓적다리의 상처가 아물기도 전에 앞 냇가에 나가 얼음을 깨고 들어가 잉어를 잡아다 부모에게 바쳤다.

향덕의 효성에 하늘도 감복했음인지 과연 약효가 있었음인가 부모들은 몹쓸 돌림병에서 거뜬히 나았다. 또한 병든 어머니의 코를 빨아 콧병도 고쳤다.

이러한 사실을 전해들은 이곳 향사는 주에 알리고 주에서는 나라에 상주, 왕이 향덕의 효행을 전국에 알리게 하는 한편 향덕에게 벼 3백 섬과 집 한 채와 전답 약간을 하사 표창했다.

이후 향덕이 나라에서 내린 쌀과 집과 전답으로 부모를 마음껏 봉양하며 행복하게 살았으리라는 사실은 짐작하기에 어렵지 않다.

향덕이 넓적다리 살을 떼어낸 후 채 아물지 않은 상처를 가지고 잉어를 잡을 때 상처에서 흐른 피가 내를 붉게 물들였다고 해서 이 내를 혈류천 또는 피내라고 이름 짓고 향덕이 살던 동리 앞에 「신라효자향덕지려」 라는 비를 세우고 이 마을을 효가리라고 불렀다. 이 후부터 이 마을엔 향덕의 뒤를 이은 효자 효부가 많이 나왔다고 한다.

공주에서 논산 쪽으로 3km쯤 가다보면 계룡면 소학리 길가 큰 느티나무 고목 밑에 향덕비가 서있어 그때의 효행을 아직도 전해주고 있다. 향덕의 피로 얼룩졌던 혈류천은 아직도 이 마을 앞을 흐르고 있다.

신라 경덕왕 때 세운 향덕비는 지금 윗부분이 3분의 2쯤 떨어져 나가고「…지려」의 두 자만이 남아있고 그 옆에 파비를 애석하게 여긴 향리사람들이 언젠가 세운 새로운 비가 나란히 서 있다.

본래의 향덕비가 비록 많은 부분이 떨어져 나갔다 하더라도 흔치 않은 신라시대 것으로 마땅히 문화재로 지정 보호해야 한다는 것이 이 부문에 뜻있는 분들의 중론이다. 원래 비각이 있었으나 6·25전란이나 또는 그 이전의 병란 때 타버린 듯 지금은 비각을 세웠던 주춧돌만이 남아있다.

효자향덕비 뒤에 서 있는 느티나무 고목은 도나무 23호로 수령이 1천 5백 60년으로 추정되는 높이 15m의 거목이다. 하두 오래돼 나무둥치 밑뚱의 앞부분은 없고 커다란 구멍이 뚫린 채 뒷부분의 피질만이 남아 있다. 1천 5백 60여년의 수령이 정확하다면 지금으로부터 1천 2백 20여년전 신라 경덕왕 때 향덕비를 세우기 3백여 년전부터 느티나무가 있었던 것으로 생각된다.

그당시 이 느티나무 밑에 향덕비를 세운 까닭은 느티나무를 보호할 뜻도 곁들여 있었다고 한다. 위의 상당부분이 떨어져 나간 향덕비처럼 밑둥의 상당 부분이 썩어 없어졌지만 뻗어나간 가지에는 푸른 잎이 무성하여 향덕의 효심처럼 사그러질줄 모른다.

향덕비가 서 있는 뒷산 천연바위에 조각한 마애불상이 있는 것으로 보아 향덕이 살던 당시엔 이곳에 절이 있었던 듯하다.

지금도 가끔 이 근처 논밭에선 그때의 기왓장이 나오고 절에서 쓰던 반자가 출토돼 규모는 알수 없으나 상당히 큰절이 자리잡고 있었던 것으로 짐작된다.

◇효자 이복지려

정확한 연대는 알수 없으나 고려 때 지금의 공주읍 옥룡동에는 이복이라는 사람이 살고 있었다. 이복은 앞 못 보는 편모슬하에서 관원생활을 하던 가난한 선비였다고 한다. 비록 가난하게는 살망정 성품이 곧아 의협심이 강하고 노모에 바치는 효성이 지극해서 그 마을에서 모범이 되었다.

관원으로 있던 이복은 주색잡기에 빠져 그릇된 정사를 일삼던 그 고을 원에게 주민의 바른 여론을 직간했다가 원에게 미움을 사 쫓겨나게 됐다.

관원생활을 그만두게 된 이복은 당장 앞 못 보는 노모를 봉양할 일이 큰일이어서 생각 끝에 품팔이를 나서기로 했다. 집도 없이 동굴 속에서 어렵게 살고 있던 이복은 그의 지극한 효심만큼 부지런하고 성실했다. 새벽에 일찍 일어나 아침밥을 지어먹고 앞 못 보는 노모를 위해 점심상을 차려 놓은 뒤 품팔이를 떠난다.

하루 종일 일을 하고 저녁에 집에 돌아올 때는 품판 집에 사정해서 따뜻한 밥과 국을 얻어 식지 않게 가져와 노모에게 봉양했다. 어느 날 품팔이를 나가던 이복은 평소 이복의 처지를 딱하게 여기던 이웃 부인에게서 뜨거운 고깃국 한 그릇을 얻었다. 어려운 살림에 좀처럼 맛보기 힘든 고깃국을 얻어든 이복은 동굴 속의 눈먼 노모를 생각하며 뛸 듯이 기뻐했다. 그리고 국이 식을 새라 저고리 앞자락으로 국그릇을 조심스럽게 싸든 이복은 노모가 있는 동굴을 향해 뛰기 시작했다.

단숨에 고갯길을 넘으려다 너무 급히 서둔 나머지 발을 헛디뎌 그만 넘어지고 말았다. 어머니에게 바치려던 고깃국을 엎은 이복의 아픈 마음은 헤아리기 어려웠다.

『앞 못 보는 늙으신 어머니를 위하는 나의 효성이 하늘에 미치지 못 하였구나.』 한탄하며 이복은 며칠 동안 땅을 치며 통곡했다고 한다.

또 어느 해 한 겨울 앞 못 보는 노모가 병들어 몸져 눕게 됐다. 병든 노모는 엄동설한에 하필이면 물고기를 먹고 싶어 했다. 효성이 지극한 이복은 강으로 나가봤지만 한 겨울에 고기를 잡을 수 없는 것은 뻔한 일이었다.

꽁꽁 얼어붙은 강물을 원망스럽게 바라보는 이복은 안타깝기만 했다. 그런데 이 때 양지바른 쪽의 얼음이 녹기 시작하더니 구멍이 생기고 이곳에 고기들이 놀고 있는 게 아닌가. 몇 마리의 고기를 잡아 엮어 쥔 이복의 기쁨은 형언할 수가 없었다.

하늘이 이복의 효성을 도운 듯 했다. 먹고 싶던 물고기를 먹고 아들의 지극한 간호을 받은 노모는 드디어 병석에서 털고 일어났다.

이런 소문이 전 읍내에 퍼져 이복의 효행에 감복한 마을사람들은 이복이 평생 동안 노모에 효도하고 살 수 있게끔 앞을 다투어 도와주었다고 한다.

이복이 노모에 바칠 고깃국을 엎지르고 통곡했다는 곳은 지금의 중동 공주박물관 앞의 고개로 국갱자를 써 갱경골 또는 국고래라고 부르고 있다.

또한 마을사람들이 이복의 본받을만한 효행을 기려 이복이 살았던 마을 앞에 『효자이복지려』라고 비를 세워 지금까지 전해

오고 있다. 이복의 비는 수백 년 동안 비바람에 씻기고 깎여진 채 볼품없이 버려진 듯 옥룡동 뒷골목 천변에 서 있다.

그러나 이복의 효심만은 보잘 것 없는 상처투성이 돌덩이 속에 깊이 간직돼 후세인들에게 많은 교훈을 전해주고 있다.

지금 옥룡동 주민들은 자비 1백여만 원과 군비 1백70만원의 지원을 받아 이복의 비를 좋은 자리에 옮겨 그 옆에 이복의 효행을 담은 새로운 비를 세우는 한편 비각까지 건립할 계획을 추진하고 있다.

8 · 15해방과 더불어 거세게 밀어닥친 서구문명에 깊은 상처를 입은 우리의 전통적 도덕관은 아직도 병상에서 신음하고 있다. 화창한 물질문명의 뒤안길에서 빛을 잃어가는 우리의 전통문화를 되살리자는 운동이 곳곳에서 일고 있다.

효자 향덕과 이복의 효심은 우리민족이 영원히 간직해야할 불멸의 가치관을 일러줄 횃불이 되어줄 것이다.

## 열사 무이제 오공강표 순절비(烈士 武貳齊 吳公剛杓 殉節碑)

〈연기군 남면 갈운리〉

『아아! 금년 내 나이 7순이 가까워 이 나라가 망하고 임금이 화를 당하는 때를 만나 일책을 내어 난국을 타개하지 못하고 나라와 백성이 함정에 빠지는 것을 구하지 못하였으니 죽는 것만 같지 못하구나. 어찌 원한과 울분을 품고 왜놈에게 굴복할 수 있으랴.

엎드려 바라건대 우리조국의 2천만동포는 의연히 들고 일어나 종묘와 사직을 일으켜야 한다. 나라가 망하고 임금이 죽는데 어찌 홀로 살 수 있으랴. 나는 살아도 이씨조선의 사람이요, 죽어도 이씨조선의 귀신이다. 공자가 이르기를 성인(成仁)하라했고 맹자는 의(義)를 취하라 하였으니 흰머리 붉은 충성은 오직 죽음이 있을 뿐이다.』

1910년 한・일합방의 소식이 전해지자 무이제 오강표 열사는 나라를 빼앗긴 울분과 슬픔을 억누르지 못하고 애끓는 유서 1통을 남긴 채 스스로 목숨을 끊고 말았다.

우리나라는 예로부터 다른 민족의 끊임없는 침략을 받아왔다. 그 중에서도 최근세에 있었던 일제의 침략행위는 가장 큰 규모였으며 가장 악랄한 수법이었다. 그들은 우리의 국권을 강탈, 이 강토를 짓밟고 수많은 인명과 재산을 앗아갔다.

얼마나 많은 애국선열들이 혹은 의병항쟁을 통해서, 혹은 독립운동을 통해서 이 땅에 피를 뿌려왔으며 얼마나 많은 애국지사들이 구국전선에 스스로 목숨을 던져 왔던가.

불굴의 항쟁으로 피 묻은 역사 속에서 얻은 찬란한 민족의 승리는 우리겨레의 혈관 속에 살아 움직여온 끈질긴 민족정신에 말미암은 것이다.

조치원에서 공주로 가는 길은 복숭아 원두막이 있고 길 좌우로 한여름 한가로운 전형적 농촌풍경이 펼쳐지는 정취가 깃든 길이다.

연기군 남면 갈운리 이곳에서 오강표 열사는 살았고 순절한 후 이곳에 몸을 묻었으며 역시 이곳에 비가 서있다. 비 곁에 서있는 무궁화나무엔 붉은 꽃이 활짝 피어나 마치 그의 곧고 붉은 마음을 대변이라도 해주는 듯했다.

오강표열사 (1843~1910년) 는 학문 속에서 충의의 참뜻을 깨달은 지사였으며 일생을 곧고 바르게 살다간 충청인이다.

공주군 사곡면 월가리에서 오명호씨의 장남으로 태어난 열사는 일찍이 거유 고산 임헌회와 간재 전우의 문하에서 수학했으며 어려서부터 품행이 방정하고 효성이 지극했으며 항상 의를 중히 여겼다고 한다.

친상을 당하여 질대를 끌러본 일이 없이 술과 고기를 멀리했으며 스승을 섬기기에 정성을 다했고 친구를 사귀는데 예절을 갖춰 충의가 남달리 뛰어났었다고 한다.

1905년 11월 이른바 우리의 외교권을 박탈한 을사보호조약이 일본 측의 강요로 체결되자 열사는『신하로서 국권을 지키지 못하였으니 어찌 삶에 애착을 가질 수 있겠는가?』고 5적을 토주해야한다는 준엄한 상소를 관찰사에게 올렸으나 거절을 당하고 말았다.

이때 뜻있는 신하들이 치욕적인 을사보호조약의 철회를 거듭 상소했으나 이미 때가 늦어 시종무관장 민영환, 특진관 조병세 등을 비롯 전국의 수많은 우국지사들이 잇달아 자결하기에 이르렀다. 오강표도 풀길 없는 울분이 치밀어 올라 죽기를 결심하고 청나라 상인에게서 독약을 사 들고 공주 명륜당에 들어가 대성통곡한 후 약을 먹었다.

그러나 독약의 용처에 의심을 품은 청나라 상인이 독기가 약한 약을 속여 팔아 뜻을 못 이루고 반쯤 죽어가는 상태에서 치료를 받은 후 다시 갈운리 집으로 돌아왔다. 이후부터 그를 잘 알지 못하는 사람들은 그를 미친 선비라고 부르기도 했다.

이후 오강표는 적을 토주해야한다는 글을 여러 편 지었으나 사우들이 후일을 기다리라고 만류하므로 뜻을 펴지 못하고 살 뜻이 없어 항시 독약을 휴대하고 명강산 속에 들어가 운둔생활을 했다.

1910년 천만 뜻밖에 한일합방의 소식을 듣고 크게 놀라 다시 죽기로 마음을 정하고 절명사를 지었다.

『비록 살아서 조선땅을 되찾기 어려우니 일본민이 되는 것을 어찌 볼 수 있으랴』 하고 나라 잃은 백성의 풀길 없는 울분을 억누르지 못했다.

죽기로 작정한 오강표는 그길로 송암 최종화를 찾아 조치원에서 자결할 뜻을 비치니 송암은 그 땅이 성인할 곳이 못된다고 만류 공주문묘로 가기로 했다.

죽음을 앞에 둔 오강표는 아우 순표와 함께 선산과 그의 스승

고산선생묘 등을 두루 돌며 마지막 작별을 고했다. 이 때 오강표는 도포소매자락 속에 굵은 노끈을 꼬아넣고 다녔는데 아우가 연유를 물으니 도포끈이 끊어지면 바꿔맬려고 가지고 다닌다고 대답했으나 사실은 후에 이 끈으로 목을 매 자결했던 것이다.

마지막으로 송암을 심방했을 때는 비바람이 치는 추운날씨였으나 의복이 얇고 남루해 보잘 것이 없었다. 송암이 그 까닭을 물으니『나라 잃은 백성이 어찌 따뜻한 옷에 맛있는 음식을 먹을 수 있겠는가?』고 망국지민의 애통함을 감추지 못했다.

이튿날 경술 10월 16일 공주문묘 명륜당에 들어가 유서를 써놓고 일장 통곡한 후 강학루에 올라가 조용히 목을 매 끝내 스스로 목숨을 끊었다.

항상 뜻을 나누고 자결하기 임박해서 자주 만났던 송암은 오강표의 죽음에 앞서 영결시를 지어 그의 뜻을 기렸다.

『봉황산이 울울하고 창창한데
상기는 천년의 수양산과 같구나.
금강물은 깊고도 푸른데
후세사람들은 원상에 비하네.
슬픈 노래 한곡조로 당신을 보내니
가을바람 소슬한데 한낮에도 춥구나.

천하만고에 어찌 이런 때를 만나
기개 높은 당신이 불귀의 길을 가네.』

오강표가 자결하자 왜경이 수색하였으나 간재 전선생 문인 오 누구라는 것만 알았지 자세한 내용은 몰랐다.

그날은 마침 왜황의 칙서가 선포되는 때를 맞아 군수회의가 열리고 있었다. 이 회의에 참석한 사람들이 오강표의 자결소식을 듣고 대경실색하여『우리는 오강표의 죄인이다. 우리가 어찌 이 회의에 참석할 수 있겠는가.』 하고 부끄러움을 감추지 못하며 뿔뿔이 흩어져 스스로 해산했다. 왜인들도 역시 감탄을 금치 못했으며 듣는 이마다 충신이 죽었다고 애통해 했다.

송암 최종화는 오광표 행장의 한 구절에서『초야의 한 포의로 붉은 피 만강하고 항상 지성으로 임금을 사랑하고 나라를 걱정하기를 생을 버리기에 이르렀으니 열렬한 그 마음은 참으로 옛 사람들에게 부끄러움이 없다.』고 하였다.

그의 죽음에 붙여 상해 임시정부의 주석이었던 백범 김구선생, 그의 스승이었던 간재 전우등 많은 사람들이 만사를 써서 그의 대의를 추모했다.

이후 1951년 3월 정부에서도 민족정기를 선양하기 위하여 건국공로훈장을 포상하였고 연기군 내 유지들도 같은 마음으로 궐기하여 그의 높은 절개를 기념하는 순절비를 건립하기에 이르렀다.

비문 끝에『의와 열을 나라에 바친 유사무이의 정신과 숭고한 기백은 맥맥히 흘러 민족만대의 충성을 북돋아줄 것이다.』 라고 새겨 목숨을 던져 나라를 걱정한 그의 충절을 후세에 길이 전해 우리민족의 귀감이 되도록 했다.

비문은 제헌국회위원겸 헌법위원이었던 강도 최운교씨가 짓고 조병호씨가 글씨를 썼다.

오강표는 이렇게 해서 스스로 목숨을 끊었다. 그는 조용히 학문을 닦던 선비로서 나라를 위해 목숨을 버린 충절을 지니고 의롭게 살다 의롭게 갔다.

충절의 고장 충청도에는 나라가 위급할 때 구국의 일선에서 총칼을 잡고 왜적과 싸운 적극적인 선비도 많았지만 나라의 앞날을 걱정하여 스스로 목숨을 끊는다는 것도 쉬운 일이 아닐 것이다.

우리의 유구한 5천년 역사 속에는 이러한 선열들의 매서운 마음이 끊이지 않고 줄을 이어 흘러왔기 때문에 오늘의 번영을 누릴 수 있게 된 것이다.

1905년 을사보호조약이 체결되던 해 11월 그의 심회를 읊은 글이 있다.

『군사부밖에 또 무슨 의가 있을까 속국의 백성이 어디서 살으랴.』

이 짤막한 글 속에서 그가 세상을 살아가는 뜻이 어떠했으며 나라를 걱정하는 마음이 어떠했는지 짐작하고도 남음이 있다.

의승 장영규대사기적비(義僧 將靈圭大師記蹟碑)

〈공주군 계룡면 갑사〉

우리 민족은 평소에는 유순하고 나약한 듯하면서도 나라가 어려운 때를 당하면 강인한 투지로 분연히 일어서 국가와 민족을 보위한 투쟁적 성격을 지닌 민족이기도 하다.

우리 민족이 5천년을 이어 살아오는 동안 포악하고 간교한 이민족의 침략이 끊이지 않았지만 그때마다 어려움을 힘차게 밀어내고 민족과 국가와 역사를 지켜 왔던 것이다.

왜적의 침략을 받은 임진왜란 7년 동안 관군이 도처에서 패배하고 온 국토가 유린당하는 난국을 맞아서도 우리 민족은 스스로 일어나 풍전등화의 위기에서 조국을 구해냈던 것이다.

임진왜란 때 여기저기서 일어난 의병은 왜병의 침략행위에 대한 민족적 궐기였으며 성스러운 민족의 대항쟁이었다. 의병을 주도했던 의병장은 거의가 유생들이었으나 의병의 군사는 농민을 주축으로 하는 일반 백성들이었고 이 중에는 승문에서 의거한 승려들도 적지 않았다. 공주군 계룡면 갑사 경내에는 임란 때 승군을 일으켜 구국전선에 목숨을 던진 의병 승장 영규대사의 기적비가 있다.

임진왜란 때 승병장 영규대사는 공주군 계룡면 월암리에서 태어났다. 속성은 박씨 호는 기허당이다.

대사의 나이 겨우 13~14세 때 일이었다. 한밤중에 먹이를 찾아 산에서 내려온 큰 호랑이가 여기저기 헤매다 대사의 집에까지 찾아 들었다.

잠결에 무슨 소리를 듣고 일어난 대사는 보통사람 같으면 기절이라도 해 버릴 어린 나이에 호랑이에게 달려들어 격투 끝에 맨손으로 때려잡았다.

이튿날 아침 뜰에 큰 호랑이가 죽어 넘어져 있는 것을 보고 크게 놀란 대사의 부모는 인간으로서는 상상할 수도 없는 대사의 큰 힘과 용맹이 오히려 해가 되지는 않을까 걱정한 끝에 결국 대사를 계룡산 갑사로 출가시키고 말았다.

이로부터 대사는 청허당 서산대사의 문도가 되어 불법을 익히고 불도를 닦게 되었다.

절에서 승려 생활을 하게 된 대사는 외모 그대로 우둔한 양 산에 올라가 나무나 해오는 게 고작 일과이어서 아무도 그에게 병법의 대략이 있는지 알지 못했다.

그러나 그때 이미 대사는 틈틈이 선장으로 무예를 익혀 그 재능을 따를 사람이 없었다.

대사는 머지않은 장래에 반드시 왜적의 침략이 있을 것을 예견하고 병법과 무술을 익히는 한편 밤이 깊으면 만학동을 넘어 공암으로 고청 서기를 찾아 그 대책을 토의하기도 했다.

대사가 산에서 나무를 해오는 길엔 반드시 몽둥이 한 개씩을 가져다 별도로 쌓아놓았다고 한다. 일반 승려들은 대사가 무엇 때문에 몽둥이를 해 다 쌓는지 그 까닭을 아는 사람도 없었지만 알려고도 하지 않았다.

수백 개의 몽둥이가 쌓이던 어느 날 임난이 일어나 승의병이 궐기할 때 갑자기 무기가 있을 리가 없었다. 결국 승군들은 대사가 해다 놓은 몽둥이를 하나씩 들고 나섰는데 몽둥이 수와 의군의 수가 꼭 맞아떨어졌다고 한다.

이는 대사가 왜적의 침략이 언제 있으리라는 시기를 정확하게 내다보고 있었을 뿐 아니라 이때엔 승문에서도 의병이 들고 일어나야한다는 사실까지 예견하고 몽둥이를 비축해 온 것임에 틀림없다.

영규대사는 이와 같이 승문에 있으면서도 나라의 앞일을 걱정하여 유비무환의 진리를 터득하고 실천한 선견지명의 우국승이었다.

1592년 4월 13일 과연 대사가 예견한대로 일본 침략군이 바다를 건너 부산성을 공략함으로써 7년 동안의 임진・정유왜란이 시작되었다.

병기와 군대가 우월한 왜군은 상육한 후 파죽지세로 진격 20

일만에 서울이 유린되고 선조는 서도로 몽진의 길에 올라 나라가 큰 혼란에 빠졌다. 그러나 이때 전국 곳곳에서는 왜적을 무찔러 기우는 국운을 바로 잡으려는 의병들이 창의를 부르짖으며 봉기하기 시작했다.

승문에서도 거의한 스님이 여러분 있었으니 관동에서 유정이 관서에서 의엄이, 호남에서 처영이, 그리고 호서에서는 영규대사가 의기를 높이 들고 궐기했다.

서울이 왜적에 함락되고 선조가 서천 했다는 비보를 들은 영규대사는 3백의승들과 더불어 사문을 나서 잔을 들고 죽음으로서 나라를 구하기로 맹약했다.

승군을 모으면서 대사는『우리가 의병을 일으킴은 결코 조정으로부터의 명령이 아니다. 만약 죽기를 두려워하는 사람은 승군에 들어오지 말라.』하니 승도들이 앞을 다투어 응모했다고 한다.

이때 충청지방에는 성주 · 무계현을 거쳐 들어온 왜병의 한패가 금산에 주둔하고 있었고 옥천 · 영동을 통해 들어온 왜병의 한패는 청주에 머무르면서 사방으로 출몰, 약탈을 자행하고 있었다.

3백의 승군을 이끌고 나선 영규대사는 우선 청주의 왜병을 무찌르기로 하고 우렁찬 진군의 북을 울렸다. 청주에 도착한 대사의 승군은 별로 싸울 뜻이 없는 충청병사 이 독 관군과 합세하여 왜적을 맞아 싸웠으나 관군은 곧 패배하고 승군만이 며칠 동안 역전하면서 많은 왜병을 쓰러뜨렸다.

이때 옥천에서 의병을 일으킨 조헌선생이 1천 6백명의 유군을 끌고 청주에 도착 대사가 이끄는 1천여명의 승군과 합동작전으로 청주성을 공약하기로 했다. 8월 1일 의병 유 · 승 양군은 청주성 서문을 향하여 일제히 공격을 개시하니 처음에 반격작전을 펴던 왜군들도 마침내 크게 패해 성안으로 퇴각했다.

조헌선생과 영규대사가 휘하 장병을 독전 성곽에 오르려는 순간 갑자기 소나기가 몰아닥쳐 청주성 탈환을 눈앞에 두고도 맞은 편 언덕으로 퇴진하지 않을 수 없었다.

이날 밤 왜군은 성중에 불을 피우고 기를 세워 그곳에 왜병이 있는 듯이 위장해 놓은 후 성을 비우고 달아나 버렸다. 이리하여 청주성은 맨주먹으로 일어선 우리 의병들에 의해서 탈환되었으며 이 대승첩은 왜군의 기세를 꺾어놓는 계기가 되었다.

청주성을 공약하던 날 어느 수령이 앞에서 물러나려는 것을 보고 영규대사는 장창으로 수령의 등을 내려치며 『평화로울땐 고기만 먹던 놈이 국운이 위태로운 지경에 다다라 피하려고 하느냐』 고 호통을 치니 수령이 감히 뒤지지 못했다고 한다.

영규대사가 이끄는 승군은 비록 군사훈련도 받지 못하고 무기도 없이 낫 · 창 · 몽둥이 등으로 무장을 했을망정 군율이 무척 엄했다. 청주성 탈환의 공으로 조정에서는 영규대사에게 당상관의 벼슬과 단의를 내렸으나 금산싸움에 참전하느라 받지 못했다.

청주에서 대승을 거둔 조헌선생과 영규대사는 금산에 주둔한 왜군을 다시 토멸키로하고 군사를 돌렸다.

그러나 이때 의병에 대한 순찰사의 질시와 방해로 조헌선생 ·

영규대사 휘하의 장병들은 거의가 흩어지고 7백의사만이 생사를 같이 할 것을 맹세하고 남아있었다.

본래 금산의 왜군을 치는데는 전라감사 권율과 충청감사 허욱의 관군이 합세하기로 약속이 돼있었다. 그러나 관군이 피할 수 없는 사정으로 약속기일을 지키지 못했다.

영규대사와 막하 장수들이 관군을 기다려 함께 싸울 것을 직언했으나 의병장 조헌선생은 나라가 위태로운때 잠시를 지체할 수 없다고 당장 진격할 뜻을 굽히지 않았다.

영규대사의 부장들이 필패를 알면서 참전할 수 없다고 버티자 영규대사는『주장의 결의가 굳어서 반석같거늘 내가 여기에 남아있으면서 주장만을 보내는 것은 의리에 어긋나는 일이다. 인명은 재천이라 다만 의를 좇아 의에 죽을 뿐이다.』라며 나아가 금산성 10리밖 연곤평에 진을 쳤다. 8월 18일 새벽 의군의 수가 얼마 안되고 원군이 없는 것을 탐지한 왜군은 우리 의군이 포진을 정리하기도 전에 3면에서 포위, 번갈아 공격해 왔다.

하루종일 계속된 싸움에 금산벌은 인마의 신음소리가 천지를 진동했고 선혈이 낭자했다. 해질 무렵 의군은 화살도 떨어지고 왜적은 의병의 장막까지 침입, 끝내는 처절한 육박전이 벌어졌다. 조 의병장도 목숨을 잃었고 적은 점점 많아지기만 했다. 의병의 막장 한 사람이 영규대사에게 일단 물러섰다 반격할 것을 권했다.

『남아가 죽을 때가 오면 죽을 것이지 어찌 혼자 살아남을 수 있겠는가.』

영규대사는 더욱 북을 높이 울리며 독전을 했다. 결국 금산싸움에 참여했던 조헌선생이하 7백의 의사들은 하나도 살아남지 못하고 순국했던 것이다.

영규대사는 목숨을 걸고 의리를 지켰다. 뻔히 질 줄 아는 싸움에 참여 목숨을 걸었고 살아서 물러설 수 있는 기회를 스스로 버렸다.

금산혈전에서 복부에 큰 부상을 입은 영규대사는 독전 중 정신을 잃고 땅에 쓰러졌다. 잠시 후 정신을 차려보니 싸움은 끝나 있었다. 한손으로 튀어나온 창자를 움켜잡고 일어선 영규대사는 한발 한발 옮겨놓기 시작했다. 일단 공주로 돌아가 상처를 치유한 후에 다시 일어나 구국전선에 목숨을 던지기로 결심했던 것이다.

천신만고 끝에 초포에 이르니 때마침 내린 폭우로 하천이 불어나 내를 건널 때 물이 상처로 스며들었다. 그 아픔이야말로 죽음보다 더했다.

그러나 어떤 일이 있어도 목숨을 건져 왜적을 격멸해야 되겠다는 일념에서 다시 창자를 끌어안고 죽기보다 더한 아픔을 참아가며 불당리에 이르렀으나 더 이상 견디지 못하고 끝내 숨을 거두었다.

영규대사는 살아서 내손으로 다시 왜적을 무찌르겠다는 뜻을 못이룬채 끝내 입적하고 말았다.

대사가 숨을 거둔 건너편 유산에는 대사의 묘소가 있다. 본래 승려의 시신은 불에 살라 부도를 만드는 게 상례이나 구국에 몸 바친 대사의 시신은 불에 사를 수 없다고 해서 유일하게 묘를 쓰고 안장했던 것이다.

대사가 태어난 월암리엔 「의병승장 영규지문」의 정문이 섰고 갑사경내엔 「의승장 영규대사 기적비」가 서 대사의 충의를 후세에 전해주고 있다.

비문은 건국초 감찰위원장으로 있던 정인보선생이 지었고 정낙훈 선생이 글씨를 썼다.

불법은 불살(不殺)을 교리로 삼아 중국의 옛 고승들도 불법으로 군사를 도와준 일이 없었으나 우리나라의 역대 고승들은 국난을 당할 때마다 앞장서 싸워왔다.

위급한 국운을 바로잡는데 어찌 종교나 군관민을 가릴 수 있겠는가. 옛 고승들의 순국정신은 오늘을 사는 우리에게도 귀감이 아닐 수 없다.

## 낭혜화상 백월보광탑비(郎慧和尙白月보光塔碑)

〈보령군 미산면 성주리〉

대천에서 동남쪽 성주산 허리를 맴도는 구절양장의 굽잇길을 숨가쁘게 올라서면 동화 속인 양 푸른 들에 띄엄띄엄 한 폭의 그림처럼 대천시내가 한가롭게 내려다 보인다. 차령산맥을 타고 뻗은 험준한 산줄기, 해발 6백 45m의 옥마봉을 뒤에 두고 송림이 울창한 협곡 내리막길을 30분쯤 걸어가면 보령군 미산면 성주리, 충남의 탄전지대에 닿는다. 여기서 다시 동쪽으로 성주천 둑을 타고 한참 가다보면 왼쪽으로 양지바른 산 밑에 너댓개의 석탑이 보인다.

이곳이 1천여 년전 신라말엽 이 땅에 불교가 전성했을 때 구산

선문의 하나로 유명했던 대사찰 성주사가 있던 곳이다.

예부터 전해오는 풍수지리설에 의하면 성주사지는 동으로 화왕봉과 장군봉 · 서로 옥마 봉 고깔봉 · 남으로 칠성봉과 삼불봉 그리고 북으로 왕자봉 등 준봉들로 겹겹이 둘러 싸인 분지로 마치 모란꽃이 활짝 핀 형국의 명당으로 알려져 오고 있다.

지금은 비록 탄가루가 날려 산도 검고 물도 검어 심산유곡의 선경에 때가 묻었을망정 아직도 어디서인가 곧 중생제도의 은은한 목탁 소리가 울려올 듯 마음을 빼앗기게 된다. 낭혜화상백월보광탑비(국보 제8호) 는 바로 이 성주사지 석탑과 석등이 있는 왼편에 자리잡고 있다.

이 비는 신라 헌강왕과 정강왕등 2대에 걸친 국사였으며 성주사를 창건한 무염대사가 불문에서 백성들에게 베푼 위덕을 찬양하고 이를 후세에 길이 전하기 위해서 세운 비이다.

무염대사가 불도에 든지 65년만인 89세때 진성여왕 2년 (888년) 에 입적하자 왕은 당대의 대문장가 고운 최치원을 불러 비문을 지을 것을 명령했다.

『고인이 된 성주대사는 참으로 부처님이 세상에 나온 것이다. 옛날 문고 강왕도 모두 스승으로 섬겨 오랫동안 국가에 복이 되게 하였거니와 나도 처음 계승하면서 선왕의 뜻과 같게 하기를 원했으나 하늘이 이를 허락지 않으니 애석하도다. 큰 행실이 있으면 큰 이름을 주어야 하니 대낭혜라 하고 탑에는 백월보광이라 추시하노라. 무염은 일찍이 중국에서 벼슬하여 금의환향까지한 사람이다. 또한 돌이켜보면 문고께서 국자를 선발하시어 그에게 배우게끔 하고 강왕은 국사례로 대접하였으니 그대는 국사에게 글월로서 왕은을 갚으라.』 고 했다. 대낭혜와 백월보광은 임금이 내린 높은 이름이다.

비문에는 무염대사가 일생동안 불문에서 베푼 덕행을 통해 호국불교사상과 충효정신을 담아 바르고 옳은 행실을 강조하고 있다. 무염대사의 속성은 김씨이며 삼국을 통일한 태종무열왕의 8대손인 진골이다. 무염은 법명이고 일명 성주대사라고도 한다.

신라 애장왕 2년(801년) 어머니인 화씨가 연꽃 꿈을 꾸고 잉태한 지 열석달 만에 석달이나 달을 넘겨 태어났다고 한다. 어렸을 때에도 걸을 때나 앉을 때 반드시 합장하고 놀 때엔 불상이나 불탑 모양을 그리고 쌓았다고 한다.

9세때 비로소 학문을 시작, 눈으로 보는 것이면 반드시 외워 모든 한서에 통달하니 해동의 신동이란 칭찬을 받았다.

13세 때 왕손으로서의 부귀영화도 버리고 영육의 고행이 따르는 불문에 들기 위해 부모슬하를 떠나 설산 오색사의 법주선사를 찾아 중이 됐다. 불경을 해설하고 불도를 닦는 속도가 얼마나 빨랐던지 입산수도 수 년 만에 『이제는 자네에게 더 이상 가르칠 만한 것이 없으니 마땅히 중국으로 가라.』는 선사의 권유를 받게 됐다.

국사가 가는 선편을 이용하여 당으로 건너가던 중 바다 한가운데서 큰 풍랑을 만나 배가 깨져 널조각을 잡아탄 대사는 망망대해에서 파도에 운명을 맡기고 표류한 지 15일 만에 육지에 닿아 구사일생으로 목숨을 건졌다.

이로부터 당의 명산대찰을 순례하는 구법의 선행이 계속되더니 드디어 당나라 사람들도 못 따를 만큼 선종에 통달, 선법을 묻는 당의 승려들이 줄을 이었다.

보철화상도 중국에 온 선후로 극진히 존대하여 그의 제자들에게 『신라의 큰 어른에게 배우는 것을 부끄럽게 여기지 말라.』고 대사에게 선법을 배울 것을 권장하기까지 했다. 그 당시 당나라는 신라를 속국으로 생각하던 때였던 만큼 이 같은 예우는 놀라운 일이었다.

30년간 당나라에서의 대사는 각처에서 자비를 베풀어 대사의 기풍이 온 당나라에 번졌다고 한다. 대사는 오래된 원적은 반드시 찾아보고 승려가 찾아오면 꼭 만나면서도 언제나 머무는 곳은 세상살이와 동떨어진 곳이어서 스스로 괴로움을 달게 여겼다.

그러면서도 위독한 병자를 돌보며 고통스러운 사람을 구출하는 일을 자신의 임무로 여겨 큰 추위에 얼어 터지기도 하고 가혹한 더위에 지치기도 했지만 조금도 게으른 적이 없었다. 이리하여 당나라 사람이면 멀리 앉아서도 존경하는 마음을 갖고 『동방의 큰 보살님』 이라고 칭송을 아끼지 않았다.

무염대사는 이와 같이 속국으로 여기는 당나라에 들어가 그들을 가르치며 그들에게 선행을 베풀어 그들의 존경을 아낌없이 받아 국위를 선양한 위대한 우리선조 중의 한 분이었다.

입당 30년 만에 왕명을 받고 귀국하니 온 나라 사람들이 모두 경사스럽게 여기고 가는 곳마다 배우기를 청하는 사람들이 수없이 많았다.

이후 대사는 성주사를 새로 짓고 도를 펴 절을 크게 일으켰다. 이로부터 험산준령을 넘어 천리길도 멀다 않고 사방에서 배우러 오는 무리가 헤아릴 수 없이 문도가 많았다.

지금 성주사지에는 보물 17호의 5층석탑과 보물 20 · 47호의 3층석탑2, 그리고 석등 · 미륵불상비석등이 잡초가 무성한 들판에 쓸쓸히 널려있지만 창건당시의 성주사는 규모가 웅장한 거찰이었던 듯하다. 아직도 남아있는 돌담의 흔적을 더듬어 짐작해보면 사찰경내는 적어도 1만평은 될 듯하다.

무염대사가 있던 신라때 성주사에는 3천불상이 안좌되어 있었고 (동국대학교학술조사단이 그 일부를 발굴해 냈다.) 승려수 만도 2천 5백명이 넘었다고 한다.

어찌나 승려가 많았던지 조석으로 씻는 공야미의 뜨물이 성주천 15리 하류인 비끼내 (도화담) 까지 부옇게 흘러가 임진왜란때 이것을 본 왜적들이 크게 놀라 한때 후퇴했었다는 전설이 전해오고 있다.

역대의 신라왕들은 무염대사를 국사로 삼고 극진히 우대하며 또는 사자를 끊임없이 보내 국사를 논의했다. 대사는 그때마다 나라와 백성을 위해 바르고 어진 임금의 길을 제시했고 바른 예의를 펴 그릇된 풍욕을 바로 잡았다.

무염대사가 왕족의 몸으로 스스로 고행이 따르는 불문에 들어 당나라에 이름을 떨쳤을 뿐만 아니라 일생동안 중생제도의 덕행을 쌓은 것은 길이 전할 모범이 아닐 수 없다.

낭혜화상백월보광탑비는 무염대사가 입적한 지 2년이 되던 해 신라 진성여왕 4년(890년) 에 세워졌다. 순한문 5천1백 65자에 달하는 비문은 당시의 명현이며 대문장가였던 고운 최치원이 지었고 글씨는 그의 종제이며 역시 당대의 명필이었던 최인원이 썼다. 글도 비문중 가장 뛰어난 명문이지만 글씨 또한 신라말에 유행하던 구양순체로 드물게 보는 명필이다.

낭혜화상비는 라대의 비석으로는 최대의 거작이며 1천 88년

전에 세워진 것이지만 귀부의 일부만 파손되었을 뿐 비신이나 이수가 거의 완전하게 보존돼 조성 당시의 훌륭한 신라예술을 짐작하게 한다.

비의 총높이는 4.55m이고 화강석으로 된 구질은 길이 5.7m 폭 1.57m이며 검은 대리석으로 된 비신은 높이 2.52m 폭이 1.5m나 된다.

구질은 환상적인 괴수형으로 등에는 6각형의 거북무늬가 새겨져 있고 중앙에 있는 비좌 4면에 구름무늬가 조각된 안상을 두고 그 밑으로 큼직큼직한 구름무늬가 곁들여 있다.

비신은 4각의 모를 약간씩 죽였고 상단은 둥글게 원형으로 만들어 이수를 받은 부분이 불룩하게 올라와 있다.

이수는 밑에 연꽃무늬를 새기고 4면에 구름 속에 싸인 용의 모습을 웅위한 솜씨로 조각하였으며 전면에 제액이 있으나 문자가 마손되었다.

이 비의 거대한 외형과 아름답고 정교한 조각솜씨는 신라시대 석비의 대표작으로 손색이 없다.

낭혜화상비는 8 · 15해방 후 곧 국보로 지정은 되었으나 한동안 귀부가 땅속에 묻힌 채 목책마저 없이 버려져 있었다.

그러나 귀중한 문화재를 소홀히 관리한다는 뜻있는 지방민들의 여론에 힘입어 국보로 지정된 지 28년만인 1974년에 비로소 묻힌 구질을 파내고 비각을 짓는 등 보호다운 보호를 받게 됐다. 임난때 성주사가 소실된 후 3백 78년 만에 대우를 받게 된 것이다.

성주사가 임진왜란당시 왜병들의 병화로 완전 소실되어 성주사의 유래가 담긴 각종 문헌과 성주사를 창건한 무염대사의 영정 등 수많은 역사적 자료가 함께 재가 된 것은 지극히 애석한 일이다.

오직 낭혜화상백월보광탑비만이 그대로 보존되어 성주사의 내력과 무염대사의 덕행과 행장을 알려주고 있을 뿐이다. 이런 의미에서 이 비의 역사적인 가치가 더욱 빛나고 있다.

이 비에는 많은 전설도 담겨 있다. 임진왜란때 왜적이 군량미를 배에 싣고 왔으나 어느새 감쪽같이 없어졌다. 이상하게 여긴 왜병들이 주위를 살펴보니 쌀이 내륙 쪽으로 흩어져 있었다. 흩어져 있는 쌀 자국을 따라 가보니 낭혜화상백월보광탑비의 거북 입으로 쌀이 계속 들어가고 있었다.

깜짝 놀란 왜장이 칼을 뽑아 거북의 머리를 내려쳐 이때 귀부의 일부가 떨어져 나갔다고 한다. 그래도 분을 참지 못한 왜장이 절에까지 불을 질러 성주사가 소실된 연유도 이런 일 때문이라고 전해 오고 있다.

성주사지에 있는 3개의 석탑중 보물 19호는 석가여래의 사리

탑이고 그 옆의 20호는 무염대사의 사리탑일 것이라는 추측이 있지만 아직 확인되지 않았다.

소실된 라대의 거찰 성주사도 우리가 복원해야할 귀중한 문화 유산이다.

무염대사의 넋이 있다면 이절의 복원을 얼마나 열망할까. 그러나 성주사지의 옛 모습을 살리려면 6억여원의 돈이 든다니 당분간은 어려울 것 같다.

## 문창후 고운선생 신도비(文昌侯 孤雲先生 神道碑)

〈보령군 미산면 성주리〉

너 부디 이익길엔 생각을 끊고
부모주신 귀한 몸 상치 말아라.
어찌타 진주를 캐는 저사람
목숨 걸고 바다 밑을 들어가는고.
몸의 영화 티끌에 더럽기 쉽고
마음 때는 물로도 씻기 어렵네
누구랑 담담한 맛 의논하리요
사람들은 단것만을 즐기는 것을

〈願言경利門/不使損遺體/爭내探珠者/輕生入海底/身榮진易染/心구水難洗/담박與수論/世路기甘예 (원언경리문/불사손유체/쟁내탐주자/경생입해저/신영진이염/심구수난세/담박여수론/세로기감예 · 이 은상번역)

신라때 대문장가 고운 최치원이 남긴 수많은 글 중의 한 편이다. 우리의 5천년 역사 속에 명현석덕이 끊임없이 이어 배출되었기 때문에 우리민족의 얼을 널리 선양해 올 수 있었다.

지금으로부터 1천 1백여 년전 고운 최치원은 특출한 문장과 뛰어난 덕행으로 민족의 긍지를 꽃피웠고 아직도 그 향기는 짙게 남아 번지고 있다.

인간의 존엄을 압도하는 물질문명이 판을 치는 각박한 현대사회에서 새로운 윤리관의 정립은 무엇보다 중대한 과제이다. 비록 세월이 흘러 시대를 달리한다 하더라도 본연의 인성은 변치 않는 것.

선현의 아름다운 유품을 되새겨봄도 바람직한 일이다.

「문창후 최고운선생비」는 보령군 미산면 성주리, 신라의 거찰이 자리 잡고 있던 유서 깊은 심산유곡 속에 있다.

고운의 비가 세워진 성주사지에는 고운의 명문이 담긴 무염대사의 비가 있다. 무염대사는 신라 때 성주사를 창건하고 이곳에서 불법을 폈던 고승이다.

고운은 신라 헌안왕 원년 (857년) 신라의 천년사직이 기울어져가는 황혼기에 견일의 아들로 태어났다. 어렸을 때부터 풍모가 헌칠하고 성품이 정민하며 학문을 좋아하더니 불과 12살의 어린나이에 당나라로 유학의 길을 떠나게 되었다.

오직 학문을 위해 사랑스러운 아들을 수륙수만리 멀고 먼 길을 떠나보내는 아버지의 마음도 비장했다. 『네가 당나라에 들어가 10년을 공부하여 과거에 급제 못하면 나의 아들이라 하지 말라. 아무쪼록 부지런히 수학하여 아비의 소원을 이루어 주고 큰 공을 세우도록 해라.』 어려운 길을 떠나는 아들을 불러 앉히고 간곡한 훈계를 했다.

어리광이나 피울 12세의 어린 나이로 그리운 부모슬하와 정든 고국산천을 떠나 보호자도 없이 단신으로 상선에 몸을 싣고 만리붕정에 오른 고운은 오직 아버지의 엄격한 훈계만을 가슴속 깊이 새겼다.

당시 당나라에 가는 유학생 대부분은 일종의 질자로 파견하여 숙식과 의복은 당에서 제공하고 구서비 등만 본국에서 갖다 썼었으나 고운은 순수한 사비로 떠났다.

고운은 낯설고 풍속도 다른 이역만리 타국에서 고독한 생활에 어려움도 많았지만 모든 고난을 극복하고 널리 현사를 찾아다니면서 수학에만 전념했다.

본래 뛰어난 천품과 비범한 재질을 타고난 고운은 유학 온 지 6년만인 18세에 예부시랑 상찬의 주시로 된 제과에 응시 단번에 급제했다. 그 나라 사람들도 어려운 시험에 그들이 속국으로 여기는 신라 이방인이 당당히 합격했던 것이다.

고국을 떠나기 전 간곡히 당부했던 아버지의 소망을 4년이나 단축해서 이룩한 것이다.

이때 느낀 심정을 읊은 시와 부가 상자에 그득했다고 하나 발간되지 못한 채 모두 버려지고 낙양(동도) 에 유랑하며 쓴 부 5수 · 시 백수 · 잡시부 30수를 모아 귀국 후 계원필경과 함께 헌강왕에게 올렸다지만 역시 지금엔 전해지지 않고 있다.

과거에 급제한 고운은 의주율 수현위에 임명됐다. 현위는 그 당시 지방행정관으로 약관의 외국인으로서는 이례적인 우대를 받았다.

바쁜 공사 중에도 글짓기는 게을리 하지 않아 현위로 있는 동안 중산복궤집 5권을 지었으나 전해지지 않고 있다.

이후 20세 때 현위직을 사직하고 한때 산에 들어가 다시 학문을 닦기도 했으나 황소의 난이 일어나자 제도행영병마도통(관군의 총지휘자) 고변의 종사관으로 책임을 맡게 됐다.

사천절도사로 있던 고변은 평소에 고운의 인격과 문재를 추앙해오다 기회가 오자 대임을 맡겼던 것이다. 이후 고운은 4년간 군막에서 격문 등 모든 서류를 도맡아 지어냈다.

황소의 난은 당나라 말엽 농민의 반란으로 왕선지가 하북에서 난을 일으키자 황소도 산동에서 이에 호응하였다.

왕선지가 패전 사망한 뒤에도 황소는 그 잔당과 유민을 모아 각지에서 약탈을 일삼고 사천을 제외한 온 중국 땅을 소란케하였다. 고변의 종사관으로 있으면서 역적 황소를 치는 격문을 지었는데 이 한편의 글이 반적 황소의 간담을 서늘케 했다고 한다.

특히『천하의 모든 사람들이 너를 죽이려고 생각할 뿐 아니라 땅 속의 귀신들까지도 너를 죽이려고 은밀히 의논하였을 것이다.』라는 요지의 한 구절을 본 황소는 자기도 모르게 놀라 마상에서 굴러 떨어졌다고 한다.

「토황소격문」을 쓴 이후에 고운의 문명은 더욱 크게 떨쳐 당나라 황제로부터「자금어대」까지 하사 받았다.

자금어대란 물고기 모양의 그림을 그린 금빛 주머니로 그 속에 성명을 적은 표식이 있어 이것을 가지면 대궐을 임의로 드나들 수 있는 자격을 갖게 된다. 외국인으로서 이것을 갖게 되면 여간한 영광이 아니었다.

고운은 고변의 종사관으로 종군하던 4년 동안 글 만여 수를 지어 이 중에서 추리고 추려 계원필경 20권을 펴냈다. 이 계원필경은 지금도 전해져 우리나라에서 가장 오래된 책으로 높이 평가받고 있다.

27세 되던 해 10월에 그리던 고국에 돌아올 뜻을 굳히고 당나라 희종 황제에게 장계를 올리니 희종은 특별히 국서를 가져가는 사신의 자격을 주었고 고변은 2백관의 돈과 행장을 차려 주었으며 문사들은 석별의 시를 지었다.

같은 해에 과거에 급제 친교가 두터웠던 고운은 『계림나라 삼신산 맑은 정기로 태어난 기이한 사람. 12세에 배타고 바닷길 건너와 글로서 중원천지를 흔들었고 18세에 과거마당에 들어가 대번에 급제 한장 따낸 이라네.』란 시를 지어 헤어짐을 아쉬워했다.

돌아오는 뱃길이 험해 도중에서 잠시 풍랑을 피했다가 이듬해 3월 그리던 고국에 금의환향했다. 신라 헌강왕도 반갑게 맞아 侍讀兼翰林學士守兵部侍郎知瑞書監(시독겸한림학사수병부시랑지서서감)의 요직을 제수하고 고운도 기꺼이 나라를 위해 경륜을 펼 마음을 먹었다.

그러나 헌강왕 · 정강왕이 세상을 떠나고 진성여왕이 즉위하면서부터 여왕의 내행이 좋지 않아 정치가 혼란의 와중으로 빠져들었다. 간신들이 활개치는 가운데 상벌과 임면이 공정치 못하고 기강이 해이해졌다.

중앙의 흐린 정치는 지방행정에도 적지 않은 영향을 끼쳐 민심이 동요되어 곳곳에서 납세를 거부하고 난을 일으켰다. 고운은 기울어져가는 국운을 돌이키려 여러 차례 진언도 해봤지만 그의 높은 학문을 질시하는 무리들의 방해를 받아 나라를 위해 경륜을 펴려던 이상과 포부는 점차 시들어갔다.

쇠망해가는 국운을 한탄한 나머지 고운은 내직을 사양하고 태산 · 천령 · 부성군 (서산)태수가 되어 지방백성을 다스리는데 전념했다.

그러나 어지러운 나라를 걱정하는 마음은 버리지 못해 진성여왕 8년 2월에 정치의 급선무 10여조를 올리니 여왕은 기꺼이 받아들이고 아찬벼슬을 내렸다.

아찬은 신라의 작위 중 제 6위에 가는 벼슬로 진골 이외의 사람이 받을 수 있는 최고의 벼슬이었다.

고운의 시무책은 그 당시 시행되지 못했다. 그의 정치적 식견을 알 수 있는 귀중한 글이 전해지지 못한 것은 애석한 일이다.

이때 각처에서 일어난 반란은 점점 확대되어 이중에서 견훤과 궁예가 따로 나라를 세우는 등 혼란이 극도에 달해 인심도 험악해지고 학문은 쓸 곳이 없어졌다.

고운은 비분강개한 나머지 마침내 벼슬을 버리고 명산대천을 두루 찾아다니며 세념을 잊으려 노력했다.

경주의 금오산 · 합천의 청량사와 해인사, 의성의 영산 · 지리산의 쌍계사, 동래의 해운당 · 마산 월영대 · 양산 임경대 · 함양의 학사루 · 옥구의 자천대 등이 모두 고운이 유유자적한 곳이다.

성주사지에 남아있는 낭혜화상백월보광탑비문을 비롯해서

난랑비 서문, 진갑선사 · 지증대사 비문과 화엄경결사문 등은 고운이 지은 것으로 그의 학문이 얼마나 깊었던가를 알려주는 유명한 글들이다.

고운은 만년에 가야산에 은거하여 청산을 벗삼아 여생을 보냈다고 한다. 신라가 혼란 속에 기울 무렵 고운은 「계림황엽곡영청송」 계림(경주-신라)의 소나무는 이미 시들고 곡령(개성-고려)의 소나무는 새롭게 푸르다는 글을 지어 신라조의 쇠망과 고려조의 흥기를 미리 내다봤다고 한다. 전해오는 말로는 이 글 때문에 신라왕의 노여움을 사게 돼 가야산에 숨어 살았다고도 한다.

1천여 년전 고운의 높은 학문과 빼어난 문장 그리고 바른 덕행은 오늘에 사는 우리와 우리를 이을 후손들에게도 영원히 귀중한 귀감이 되어 줄 것이다. 전국 사림과 그의 후손들이 힘을 모아 1974년 3월 그의 유훈을 기리는 비를 유서 깊은 성주사지에 세웠다.

비문은 2천5백자. 거북형 좌대위에 올라앉은 비신은 높이가 1백 82cm에 너비가 66cm, 두께가 33cm나 된다.

고운의 시 한 수를 더듬어보면서 황혼이 깃든 성주사지를 뒤로 발길을 돌렸다.

『미친 물 바위 치며 산을 울리어 지척에서 하는 말도 분간 못하네. 행여나 세상시비 귀에 들릴까 흐르는 물 시켜 산을 감쌌다네.』

〈광분첩石후重만人語難方지尺間 常恐是非聲到耳 故敎流水盡籠山(광분첩석후중만인어난방지척간 상공시비성도이 고교류수진농산)〉

# 계백장군묘비(階伯將軍墓碑)

〈논산군 부적면 충곡리〉

꺼져가는 국운을 두 어깨에 짊어지고 피맺힌 망국의 한을 황산벌에 뿌리며 장렬하게 최후를 마친 백제의 장군 계백의 묘소가 논산군 부적면 충곡리 가장굴에 있다.

우리 민족의 역사상 나라를 위해 전쟁터에서 목숨을 바친 무장도 헤아릴 수 없을 만큼 많겠지만 계백처럼 충성스럽고 용맹스러웠던 장수는 드물 것이다.

나당연합 5만대군을 맞아 5천의 결사대를 이끌고 전지로 떠날 때 계백은 이미 백제의 국운이 달린 결전장에서 주저 없이 목숨을 던질 각오로 처자의 목숨마저 끊었던 것이다.

위태로운 나라를 건지려는 구국의 일념에서 사랑하는 아내와 아들 딸의 목을 스스로 베어야만 했던 남편이요, 아버지인 계백의 심사가 어떠했을는지 짐작하고도 남음이 있다.

지금으로부터 1천3백여 년전 나당연합군과 백제군의 혈전이 벌어졌을 황산들 (지금의 연산)을 가로질러 잡초가 무성한 논둑길을 한참 오르다보면 그의 넋이 잠든 묘역이 있다. 그 곁엔 그의 충절과 용맹을 기리는 비가 서있다.

『昔句踐以五千 破吳七十萬衆(석구천이오천 파오칠십만중)

일월이 영측하듯이 국가의 흥망도 이와 같도다. 이곳에 잠든 백제 계백장군은 기울어져가는 국운을 광복하고자 여기 황산벌에서 5천 장병으로 신라군 5만과 혈전 끝에 서기 660년 7월 10일 장렬히 옥쇄한 용장이시다.

후고를 없애기 위하여 스스로 가족들을 목 베이고 전지에 나아가 昔句踐以五千 破吳七十萬衆 今之日宜各奮勵 沒戰以報國恩(석구천이오천 파오칠십만중 금지일의각분려 몰전이보국은) 하자고 맹서한 후 일당천의 기세로 4전4승하였으며 신라 좌장군 품일의 아들 16세의 관창을 생금하고서도 그의 용맹을 칭찬하며 적진에 되돌려 보낸 충의용장이었으나 끝내는 중과부적으로 와천관일의 충성으로도 뜻을 이루지 못하였다.

부적면민의 정성을 모아 천추에 빛날 장군의 애국충절을 길이 세상에 전하리라 1976년 12월.』

비문에 나오는「昔句踐以五千 破吳七十萬衆 今之日宜各奮勵 沒戰以報國恩(석구천이오천 파오칠십만중 금지일의각분려 몰전이보국은)」이란 말은 삼국사기 권47 계백조에 나오는 문구를 그대로 옮겨 인용한 것으로『옛날 월나라 임금 구천이 5천의 병력으로 오나라병사 70만을 격파했다고 하니 오늘은 각자가 마땅히 분발해서 국은에 보답하자.』는 뜻이다.

비 이름 위에 전자(傳字)를 덧붙여 새긴 것은 이곳이 확실히 백제 계백장군의 묘라고 단정할 만한 고증이 없기 때문이다.

속칭 가장굴이라고 불리어온 이곳에 옛부터 이름 모를 묘소가 있어 이곳 사람들은 언제 누구에게서부터인가, 장군묘라고 불러왔다.

돌보는 이 없는 이 묘는 일정 때 봉분이 폭우에 씻겨 나가고 강회곽이 드러났다고 하는데 이때 어느 무지한 사람들의 손에 의해서 관곽이 파괴되고 광내 (길이 10.4척 · 너비2.8척 · 높이 3.83척)에 안치되었던 유해는 물론 투구 등 장군의 부장품도 흩어져 찾아 볼 길이 없었다고 한다.

이후부터 이곳을 장군묘라고 입으로만 그 위치가 전해 내려오다가 계백장군묘로 밝혀내 그가 간 1천 3백여년 후인 1976년에 계백장군묘소 성역화추진위원회가 부적면민의 전폭적인 호응

을 받아 묘를 다시 만들고 비도 세워 그의 충혼도 안식처를 찾게 됐고 그의 충절을 길이 기리게 되었다.

이곳을 백제 계백장군의 묘소로 지정하기까지에는 백제문화 연구에 심혈을 기울여온 홍사준씨 등 여러 학자들의 타당성 있는 연구의 뒷받침이 있었다고 한다.

첫째 이 묘소의 구조가 백제의 매장양식에 따른 것이고 둘째 구전이나마 장군묘로 불리워온 데다 투구 등 장군의 부장품들이 출토되었으며 셋째 계백이 최후의 결전을 벌였던 황산벌이 이 묘소가 있는 지금의 연산으로 밝혀지고 계백장군을 모시는 충곡서원도 이곳에 있는 등등의 여러 가지 사정으로 미루어 계백의 묘로 지정하게 됐단다.

그 당시 망국의 패장에게 버젓이 장례를 지내주고 규모를 갖춘 묘를 써 주었을 리 없었으리라는 사실은 짐작하기에 어렵지 않다. 그래서 아마 그의 충성을 애석하게 여긴 백제 유민들의 손으로 가매장된 채 돌보는 이 없이 1천 3백여 년의 세월을 비바람에 씻기며 구전으로만 전해 온 것임에 틀림없을 듯하다.

계백 (?~660년) 은 백제 의자왕 9년 본래 달솔 (백제 16등 관계중 2위) 벼슬자리에 있었으나 김유신과 소정방의 나당연합군이 쳐들어오자 장군이 되어 구국전선에 목숨을 던졌던 것이다.

고구려 · 신라 · 백제의 3국정립이 6백여 년간 계속 되는 동안 처음에는 친고구려 정책을 펴다 이를 친신라 정책으로 바꾸고 신라와 힘을 합해 고구려를 견제했었다. 그러나 신라가 한강변 10주를 독점하고 백제에 돌려주지 않자 백제는 다시 고구려 쪽으로 기울게 되었다.

고독해진 신라는 당나라를 끌어들여 3국통일의 대업을 이루려는 꿈을 꾸게 되었고 강력한 고구려를 치려면 먼저 백제를 격멸하는 것이 유리하다고 판단 당병과 연합하여 백제를 치게 됐다.

이리하여 백제 최후의 결전이 시작됐다. 물에서는 소정방의 당군이 금강하류로부터 몰려들었고 뭍에서는 김유신의 신라군이 황산벌로 쳐들어왔다. 나·당연합군을 나아가 막으라는 왕명을 받은 계백은 신라군이 탄현을 넘어섰다는 소식을 듣고 전사 5천을 거느리고 황산벌로 달렸다. 5천의 군사로 5만의 대군을 무찌른다는 일은 쉬운 일이 아니었다.

이미 싸움에 지고 백제가 멸망할 것을 예측한 계백은『살아서 신라나 당나라의 노비가 되느니보다 차라리 깨끗이 죽는게 낫다』는 모진 마음으로 출전길에 식구들을 스스로 죽였다.

가족들의 목을 벤 것은 또한 최후의 결전장에서 뒤돌아보지 않고 목숨이 다할 때까지 싸우다 죽음으로서 진충보국하겠다는 자신의 결의를 굳히기 위해서였을 것이다. 계백장군의 이 충성심은 백제 무인정신의 상징이며 무장이 굳혀야 할 마음의 자세라고 아니할 수 없다.

김유신 장군의 5만군대가 황산벌로 진군하려할 때 계백은 먼저 좁고 험준한 3곳에 영을 설치하고 기다리다 치니 4번 싸워서 4번 모두 이겼다. 5천의 군사가 5만의 대군을 이겨낸 것이다. 그러나 이 때 반굴과 관창의 용감한 싸움과 전사로 사기를 되찾은 신라군이 노도와 같이 밀려와 전세는 역전됐다.

신라 좌장군 품일의 아들 관창은 화랑으로 있다가 16세의 어린나이로 황산벌싸움에 부장으로 출전, 백제군과 분전하다 생포됐다. 계백장군은 비록 적일망정 어린나이와 용맹함에 탄복, 죽이지 않고 돌려보냈다.

그러나 돌아온 관창은 샘에서 물 한 모금을 손으로 떠 마시곤 다시 백제진영으로 돌입, 재차 생포를 당했다. 이번에는 할 수 없이 계백도 관창의 목을 베어 말안장에 달아 돌려보냈다. 관창의 용맹도 가상한 일이지만 계백장군의 적을 용서할 줄 아는 넓은 도량이야말로 사나이의 너그러움이며 백제정신의 표상이라 할 수 있다.

처자를 베고 나선 계백의 용기와 결사적인 백제군이 방어도 보람 없이 중과부적으로 마침내 패하고 계백은 백제최후의 결전장 황산벌의 이슬로 산화했다.

이로써 제 31대 의자왕 20년 (660년) 6백 78년의 백제사직은 비참한 종말을 고했다.

이 때 왕과 태자 · 대신 · 장사 · 백성 등 1만 2천여 명이 당나라로 끌려갔고 백제의 멸망을 슬퍼하는 백성들이 백마강변에 줄을 지어 모여서서 당으로 붙들려가는 왕과 태자를 전송해야하는 아픔을 겪었다.

백제의 마지막 임금 의자왕은 즉위 초 국위를 회복하려 많은 노력을 기울였지만 만년에 사치와 방종에 빠져 정사를 그르치기 시작했다.

탐락을 간하는 충신 성신을 옥에 가두고 사비의 요충지 탄현과 백강을 잘 지키라는 말마저 소홀히 했을 뿐 아니라 나당연합군이 쳐 들어왔을 때는 백강과 탄현서 적을 막으라는 홍수의 바른 말을 귀담아 듣지 않고 간신의 무리 속에 최후의 판단을 그르쳐 백제의 멸망을 자초하기에 이른 것이다.

의자왕과 같은 어리석은 임금이 없었던들 계백과 같은 충장이 황산벌에서 목숨을 잃지 않아도 되었을 것이며 백제의 사직은 지켜졌을 것이다.

계백은 백제의 충신이요 우리 민족의 장군이다. 만약 황산벌 싸움과 계백의 장렬한 최후가 없었다면 7백년 백제사직은 얼마나 멋없고 싱거운 역사였을까….

계백이 목숨을 걸고 일전을 벌였던 백제 최후의 결전장 황산벌엔 이제 곳곳에 가을을 거두는 농군들의 손길이 분주하며 평화롭다.

계백은 가고 이제 없다. 그러나 그의 용맹과 도량은 1천 3백여 년을 두고 우리 민족의 핏속에 연면히 흘러 지금도 나라를 지켜야 한다는 우리의 결의를 굳혀주고 있다.

# 홍가신 청난비(洪可臣 淸難碑)
〈홍성군 홍성읍 대교리〉

인간에게 가을의 풍요를 안겨주고 이제는 까까중이 된 허전한 벌판길을 가르고 아스팔트길이 곧게 쭉 뻗쳐있는 홍성 가는 길로 가다보면 홍성 못 미쳐 약 2km지점, 홍성 읍내가 빤히 건너다 보이는 왼편 길가에 이미 단청이 퇴색해버린 초라한 비각이 있다. 이 비각을 중심으로 목사들의 선정비를 비롯 크고 작은 비석들이 즐비하게 들어선 비석거리가 있다.

크고 작고 높고 낮은 비석들은 오랜 세월 비바람에 깎이면서 그 몸에 새겨있는 주인들의 애환을 담은 채 그날의 일들을 말해주고 있다.

홍성군 홍성읍 대교리 55번지. 나지막하게 좁고 답답한 비각 안엔 이조 14대 선조 26년 (1642년) 7월 이몽학의 반란을 평정한 홍주목사 홍가신의 공적을 추모한 비가 버려진 듯 초라한 모습으로 들어서 있다.

비신을 받치고 있는 괴수형의 머리를 한 들거북이 약1.3m쯤의 정원형이어서 타원형의 다른 귀부석에 비해 특이한 인상을 준다, 비각 뒤에는 일명「말무덤」이라고 전해오는 조그마한 언덕에 노송 몇 그루와 잡초가 어지럽다.

이 커다란 무덤처럼 생긴 언덕은 사람의 무덤이라기엔 너무 커서 몇 마리의 말이 묻혀 있다는 전설과 함께 말무덤으로 불려오고 있다.

홍가신 (1541~1615년) 은 이조 중종 36년 장원 은의 아들로 태어나 어릴 때부터 성인의 위품이 있어 총명하고 늠름했다. 또한 행촌 문순의 문하에서 학문을 닦아 4서3경과 백가어에 정통

할 뿐 아니라 필법과 시문에도 능통, 주위에서 이름이 높았다.

자는 홍도 호는 만전인 홍가신은 1567년 (명종 22년) 진사에 합격 강강참봉이 되었으며 1573년 (선조 6년) 에는 예빈주부를 거쳐 형조좌랑 지평을 역임하고 안산군수로 나가 선정을 베푼 덕에 수원부사가 되어 표창까지 받았으나 정여립과 교정이 두터웠다는 이유로 파직되었다.

정여립은 변경에서 왜변을 막기 위해 장정을 징발할 때 대동계라는 조직을 만들어 1589년 겨울, 전라 · 황해도에서 거병 정권을 잡을 야심으로 반란을 일으켰으나 안악군수의 밀고로 뜻을 이루지 못하고 아들과 함께 자결하고 말았다.

이 기축옥사를 계기로 동인에 대한 박해가 심해 한 때 기세가 꺾이었는데 홍가신이 정여립과 친분이 깊다고 해서 벼슬길이 막혔던 것이다.

그러나 1594년 (선조 27년) 홍주목사의 보직을 받아 이몽학의 반란을 평정하고 청난의 1등 공신으로 책록되어 분충출기합모적의 청절공신의 호를 받았다.

이몽학의 난은 임진왜란 이후 불만에 찬 민심을 선동하여 이몽학이 충청도 일대에서 일으킨 반란이다.

이몽학 (?～1596년) 은 본래 서자 출신으로 그 당시 서얼의 차별이 심했던 때문인지 아버지에게 쫓겨나 적자로 태어나지 못한 자신의 비운을 가슴속 깊이 새긴 채 충청・전라도지방을 떠돌아다니다가 모속관 한현의 선봉장이 되었다.

속오군을 조직할 당시 이에 응모하여 선봉장이 된 한현은 이때부터 역모의 뜻을 품고 기회를 엿보고 있다가 1596년 (선조 29년) 이몽학에게 반란을 일으킬 것을 지시했다. 서자의 설움을 뼈저리게 느끼던 이몽학이 이에 반대할 이유는 없었고 이런 기회에 그의 한을 풀어볼 마음마저 불타오르고 있었을 것이다.

충청도 홍산(지금의 부여)에서 반란을 계획한 한현과 이몽학은 도천사의 중들과 인근 주민 6～7백 명을 규합하는데 그리 힘들이지 않을 수 있었다.

그 당시에는 임진왜란으로 수 년 동안 고된 전화에 나라는 황폐해지고 마침 흉년까지 겹쳐 민심이 극도로 흉악해져 있었던 때였으므로 「왜적의 재침을 막고 나라를 바로 잡겠다」는 반도들의 선동이 크게 호응을 얻을 수 있었기 때문이었다.

반란군의 세력은 홍산현령 윤영현 임천군수 박진국 등을 사로잡고 임천・청양・대흥 등 고을을 함락시키는 한편 홍주・덕산까지 침입, 서울로 올라갈 기세로 충청지방을 휩쓸었다.

조정에서는 반군의 세력이 점차 커져 사태가 심상치 않게 되자 도원수 권율로 하여금 토벌군을 이끌고 니산으로 향하게 했다.

반군이 서울로 향하는 도중 홍주(지금의 홍성) 를 공격할 때 당시의 홍주목사 홍가신은 무장 박명현 · 임득의와 더불어 죽기를 한하고 성을 굳게 지키니 도저히 홍주성을 함락시킬 길이 없었다.

우선 성을 지키는데 성공한 홍가신은 뒤이어 민병을 동원 반군을 반격하는 한편 이몽학의 목에 현상금을 붙였다.

또한 이때는 전주의 윤성이 수만의 관군을 이끌고 와서 진을 치고 있었다. 홍주를 공격하던 반란군은 홍가신이 이끄는 군대에 의해 붕괴되고 전세가 불리함을 간파한 이몽학의 부하 김경창 임억명이 이몽학의 목을 베어 들고 항복해 왔다.

면천에서 형세를 살피고 움직이지 않던 한현도 체포되고 이 난에 가담했던자 중 죄질이 무거운 1백여명이 서울로 압송되어 처벌되니 이로써 이몽학의 난은 평정되었다.

만약 홍가신이 홍산 · 임천 · 정양 · 대홍에서와 같이 나라와 백성을 생각지 않고 한 몸의 영화와 목숨을 부지하려는 필부의 심사로 쉽게 홍주성을 포기했더라면 나라와 백성은 좀 더 길고 험난한 난리를 겪었어야만 했을 것이다.

1604년 (선조 37년) 이몽학의 난을 평정한 논공에서 이몽학의 목을 벤 김경창·임억명은 회선에 오르고 홍가신은 청난일등공신에 책록되었음은 당연한 일이다.

홍가신은 이후 영원군의 봉함을 받고 금오당상을 거쳐 형조판서에 이르렀으나 사직하고 고향인 아산에서 조용히 생애를 마쳤다. 홍성읍에서 4km쯤 서쪽으로 가면 3백m의 높은 백월산상봉에 청난사란 사우가 있다. 이 청난사 안에는 이몽학의 난을 평정한 영원군 홍가신 연창군 박명현 계성군 최호 영성군 장경행 편성군 임득의 등 5공신의 목상이 옛 모습대로 조각돼 수 백 년 간 보존 안치되어있다.

매년 음력 정월보름날 동이 틀 무렵이면 정성들여 제물을 차려놓고 제사를 지낸다. 금년에도 홍성읍에 닥칠 모든 액운을 물리쳐달라는 기원이 청난사 앞에서 베풀어졌을 것이다.

이몽학의 난이 평정되자 이퇴계선생의 문하생인 이후가 홍주목으로 와서 반군의 기세가 거세었을 때 목숨을 걸고 홍주성을 지킨 홍가신의 충성을 기리기 위해 사당을 세우고 제사를 지내온 후 수 백년 내려오는 정월보름 풍습으로 되어있다.

비록 제사는 홍주읍민을 대표해서 10여명이 지낸다 하더라도 이 제사에는 모든 홍성읍민이 참여해야 기원의 효과를 얻을 수 있다고 해서 정초부터 풍악을 울리며 10여일간 집집마다 돌며 쌀 한줌씩이나마 거둬 제물을 마련한다고 한다.

제물로 쓰는 과일은 껍질을 벗기지 않고 통째로 놓고 술대신 식혜를 쓴다고 하니 언제부터 무슨 연유인지는 몰라도 특이한 제전이라고 할 수 있겠다.

직접 제사에 참여하는 홍성읍민을 대표한 10여명의 제관들은 전날 새 옷으로 갈아입고 상가 문상을 삼가며 한 겨울 영하의 날씨에도 청난사 밑 옹달샘에서 목욕을 한 후에 제사를 지낸다니 그 정성도 대단한 듯싶다.

홍가신을 비롯 이몽학의 난을 평정한 홍성 5공신의 목상을 모신 청난사에 대한 제사는 비록 그들이 나라에 대한 충성심을 기리는데도 목적이 있겠지만 그보다는 더 큰 의의를 지니고 있는 사연이 있을 듯하다.

7년간의 임진왜란을 겪으면서 전화에 시달릴대로 시달린 홍성읍민들이 또다시 이몽학의 난리를 만났을 때 심신의 고통은 말로 형언키 어려웠을 것은 짐작하고도 남음이 있다.

더구나 전흔의 아픈 상처가 가시기도 전에 흉년마저 들어 어려운 살림을 꾸리면서 난리를 겪어야한다는 일이 여간 어려운 일이 아니었을 것이며 이런 혼란 속에서도 합심해서 민병대를 조직, 외침을 막았다는 사실은 여간 대견한 일이 아닐 것이다.

여기서 홍성읍민들은 어떠한 난국에서라도 읍민이 힘을 합하면 살아날 수 있는 길이 있다는 교훈을 체득, 일종의 집단안보의식이 이런 형태로 나타난 것으로 볼 수 있다.

또한 생사를 초월하는 비장한 각오로 선봉장이 되어 앞장서서 읍민을 안전하게 보호한 홍가신의 충정은 이 지방 수호신으로 섬기기에 부족함이 없었을 것이다.

계속된 전화와 흉년의 어려움 속에서도 내 지방을 지키겠다는 홍성읍민의 집단안보의식과 목숨을 걸고 읍민을 지키겠다는 홍가신의 결의는 북쪽과 대치한 바로 이 시점에서의 민방위 정신과도 일치하는 게 아닐까….

비록 초라한 비각 속에서 수백 년간 마멸되어왔을 지언정 홍가신의 청난비는 홍성가도를 오가는 우리의 가슴속에 깊은 감명을 심어주고 있다.

# 이색 신도비(李색 神道碑)

〈서천군 기산면 영모리〉

목과 다리가 퍽이나 길어 기린이라 했던가. 이마 양편에 돋아난 두 개의 뿔은 혹시나 무엇에 받히더라도 다치지 말라고 해서인지 뭉툭하게 생겨있다. 생명이 있는 것은 밟지도 먹지도 않는다는 유순한 동물. 성인(聖人)이 세상에 나기 전이면 나타난다는 상서로운 이 동물의 이름을 가진 기린산 기슭에 고려말 성리학자 목은 이색의 묘소가 있다.

멀리 숭정산이 건너다보이는 이곳은 풍수지리설로 보아 기린하전형의 명당이라고 한다. 이색의 생전에 무학대사와 함께 마땅한 산소자리를 찾아 이곳 저곳을 둘러보고 다닐 때 이곳 서천군 기산면 영모리에 와 건너편의 숭정산의 산세 때문에 이 기린산기슭이 명당이 될 수 있다고 했단다.

그래서인지 최근에 숭정산의 규석광을 개발하려는 움직임이 있었으나 이곳 주민들의 반대에 부딪혀 계획을 포기하게 되었다.

서천읍에서 한산 쪽으로 8km쯤 가다 왼편 논둑길로 접어들어 약 1.6km쯤 가면 서천군 기산면 영모리 기린산 줄기에 둘러싸인 그 밑에 목은 묘소 · 양경공 묘소와 묘비 · 목은영당 · 두개의 목은 신도비 · 문헌서원 · 문양궁 효행비 등 목은의 유적지가 한눈에 들어온다.

서천군은 수백 년 전 훌륭한 조상의 얼이 서려있는 이곳을 민속마을로 지정 앞으로 계속 옛것을 가꾸고 살려나갈 계획을 세우고 있다. 목은묘소 바로 밑에는 목은의 셋째 아들 종선의 묘소가 있다.

고려가 망하자 뜻을 굽히고 이씨조선에 들어가 불사이군의 절의를 어겼다고 해서 영당에 영정마저 못 모신 셋째아들 종선이 외로움을 달랠 의도에서였던가 아버님 산소 바로 밑에 나란히 잠들어 있다.

목은영당에는 높이 2m 30cm, 폭 1m, 몸길이 1m 40cm의 목은 영정이 안치돼 있고 문헌서원 (송시열 친필) 에는 길이 31cm, 폭 20cm의 목은문집과 가정 (목은의 부친) 문집 목각 1천여 장이 수장돼 있다.

본래는 목은 산소밑에 목은의 아버지 시호 문효공과 목은의 시호 문정공의 가운데 자를 따서 이름붙인 효정사란 사당이 있었는데 임란 때 마서면 죽산리 금포로 상륙해 들어온 왜병들이 이곳을 지나며 불태웠던 것을 애석히 여겨 백사 이항복의 도움으로 한산면 고천에 문헌서원을 창건했었다.

그러나 이 후 대원군의 서원철폐령에 따라 다시 소멸 된 99년 만에 한산군 유림들이 앞장서 이곳에 복원, 많은 우여곡절을 겪은 끝에 오늘에 이른 것이라고 한다.

이곳은 고려 때 사찰터였던 듯하나 본 건물과 부속건물은 모두 없어지고 강당만이 덩그러니 남아있으며 그 연대를 알 수 없다.

이곳 영모리 목은의 묘역 내엔 이례적으로 특이하게 두 개의 신도비가 있다.

원래 목은의 신도비는 하윤과 권근이 쓴 것으로 하윤과 권근은 본시 목은의 제자였으나 이조의 개국공신이기 때문에 고려의 충신인 목은에 대해 사실대로 글을 쓸 수가 없었다. 이후 2백여 년 만에 우암 송시열이 고려사를 연구하면서 목은에 대한 하윤과 권근의 비문이 잘못된 곳이 많고 사실과 거리가 멀어 하윤의 비문을 깎아내고 다시 비문을 사실에 맞춰 바른대로 새겨 넣었다. 이 구신도비가 목은 묘소 바로 밑에 서있는 것이고 이 빗돌은 중국에서 직접 가져왔다고 하는데 돌의 결이 특이하다. 호기심 많은 짓궂은 아이들이 이 빗돌에 금이 들어 있다는 말을 듣고 쪼아보기도 한 흔적이 몇 군데 있다.

그러나 최근에 잘못된 하윤과 권근의 글이 있어야 우암의 글이 옳음을 알 수 있을게 아니냐는 여론이 강력히 대두돼 역사적인 흐름이나 유물을 그대로 지워버릴 수 없다는 판단 아래 비록 잘못된 글일망정 우암이 깎아낸 하윤과 권근의 글을 그대로 되살려 그 밑에 다시 새로운 신도비를 복원해 놓게 된 것이다.

이리하여 목은의 신도비는 두 개가 되었다.

새로 세운 목은의 신도비는 총 높이가 3m 60cm 비신높이 2m 23cm 폭 1m18cm 두께 34cm의 크기로 위에 있는 구신도비보다는 약간 규모가 작다.

이때 새로 세운 신도비 곁에는 얼음 속에서 고기를 잡고 눈 속에서 대순을 구하는 효행을 했다는 목은의 맏아들 문양공 현암의 효행비가 나란히 서있어 생전에 아들을 잃은 목은의 슬픔이 얼마나 깊었는지를 말해 주는 듯하다.

우리나라의 문화를 길이 빛낸 고려 말의 유명한 학자인 3은, 목은 이색 ·야은 길재·포은 정몽주 중 목은과 야은은 충남에서 자라거나 살아온 우리고장사람이다. 3은 중 가장 연장자인 목은 이색 (1328~1396년) 은 고려가 망하고 이씨 조선이 새로 서는 혼란과 소용돌이 속에서 전제(田制)개혁과 불교정화에 힘쓰는 한편 성리학의 흥륭과 시문학의 오묘한 경지를 터득하여 이를 후학들에게 전수하는데 일생을 바친 뛰어난 학자요 정치가였다.

또한 고려 때는 원나라에 왕래하면서 당대의 명사들과 교환하면서 이방에 명성을 떨쳤고 변방 왜적의 방비책과 홍건적의 침입을 방어하는 구체적인 건의를 했으며 이조에 와서는 시문으로 여생을 보냈다.

목은은 충숙왕 15년 5월 그의 아버지 가정 이곡이 처가살이를 하던 경북 영덕군 영해 호시촌에서 태어나 두 살이 되던 해 벼슬살이를 하던 부모를 따라 한산으로 왔다.

이곡도 편년강목을 증수하고 새왕의 실록을 편찬간행한 대학자였으므로 학자적 가풍 속에서 자란 목은도 어려서부터 총명하고 글재주가 뛰어났으며 너그러운 성품을 타고났다고 한다.

14세에 성균시에 합격 중서사전부(中瑞司典簿)로 있는 아버지를 따라 원나라에 들어가 국자감생원으로 뽑히기도 했다. 21살 되던 해 대학자의 꿈을 안고 원나라에 3년간 유학하던 중 아버지의 상을 당해 도중에 귀국하게 되었다.

1352년에는 그의 학문의 경향과 정견의 윤곽을 피력한 의견서를 공민왕에게 제출하였고 이듬해엔 괴과에 급제한 후 정동행성 향시에도 장원으로 합격하여 서장관에 임명되었다.

또한 다시 원나라에 들어가 시문과에 급제 한재지제고가 된 후 귀국하여 벼슬길에 올라 공민왕 16년엔 성균관대사성이 되어 정몽주 등과 함께 명륜당에서 학문을 강론하니 이에 정주의 성리학이 처음으로 일어났다.

공민왕 말기 중대광의 벼슬까지 오른 목은은 20년간 계속 요직에서 공민왕을 섬겨오다가 공민왕이 실각된 후 8년 동안 두문불출하면서 자주 드나드는 문제들을 가르치며 세월을 보냈다.

그 뒤 우왕은 목은을 사부로 삼고 시중으로 극진한 대우를 하였으며 우왕말기까지 判三司事, 判典理司事, 上護軍(판삼사사,

판전리사사, 상호군) 등의 중요한 직책을 역임하면서 국가에 충성을 바치며 강직한 관도를 걸어왔다. 그의 성품이 강직하고 정사를 공정히 다루기로 이름난 것은 그 당시 판문하부사 조민수(判門下府事 曺敏修)의 아들이 실력이 없다고 과거에 낙제시키는 등 권신 세도가의 자제라도 옳지 못한 부탁은 거절한 것으로 미루어보아 짐작이 간다.

목은이 61세 되던 우왕 14년(1388년) 원나라가 망하고 명나라의 세력이 강해지자 북벌계획을 세우고 북진하던 이성계가 위화도에서 회군하여 우왕을 폐하고 창왕을 세웠다. 창왕이 즉위한 후 문하시중이 된 목은은 명나라에 사행(使行) 외교를 펴기도 했으며 조준 등의 전제개혁에 반대를 하면서 바른 정사를 행하려 노력했다.

그러나 이미 국권을 손아귀에 쥐고 실력자가 된 이성계가 우, 창왕이 요승 신돈의 아들이라는 이유로 죽이고 허수아비 공양왕을 왕으로 세운 뒤 목은도 궁지에 몰려 유배생활이나 다름없는 4년간의 비참한 생활 끝에 마침내 부자가 삭탈관직 되어 폐인으로 장단에 머물게 되었으며 둘째아들 종학도 순천에 유배, 끝내는 학살되었다.

마지막으로 공양왕을 원주로 몰아낸 이성계는 스스로 왕위에 올라 이씨 조선을 개국하고 구정객을 관대하게 용서한다는 바람에 먼저 간 두 아들로 상심한 목은은 부인과 함께 아픈 상처를 어루만지며 고향인 한산으로 돌아왔다. 그러나 고려를 잃고 두 아들을 비명에 먼저 보낸 목은은 아픈 상처를 진정할 길이 없어 관동지방과 여주 등지를 하염없이 떠돌아다니는 방랑의 길을 걸었다.

이 소식을 전해들은 이태조가 목은 이색을 아깝게 여긴 끝에 입조케하여 토지 등을 내리고 왕고도왕조의 직을 주고 학자로서의 대우를 극진히 했으나 『망국의 몸이 어찌 가히 살기를 꾀하겠는가?』고 거절한 뒤 다시 초야로 돌아갔다.

우암이 쓴 비문에는 『대궐에 이르러 선생이 포의를 입은 채 스스로 한 곳에 앉아 이르되 「노부는 앉을 곳이 없다」 라고….』 새겨 있다.

이는 대등한 위치에서 친구의 예를 갖춰야 할 이성계가 용상에 오르니 목은이 앉을 자리가 없다는 말로 해석된다. 또한 고려를 향한 목은의 절의가 잘못 기록된데 대해 우암은 여러 구절에서 탄식하며 슬퍼했다.

『슬프다! 선생의 명(銘)을 쓸만한 것은 안 쓰고 의혹되게 선생이 본조 사람이 된 것처럼 해 놓았으니 거짓이 심한 것을 알 수 있다. 하윤은 본시 선생에 대한 말이 부족했다 하더라도 권근이 지은 행장에도 또한 이러하고 역사에도 고려가 망하자 선생이 아소에 들어 왔다고 하니 선생을 죄주려는 자는 많고 알아주는 자는 적다.』

목은은 이조 태조 5년 5월 7일 경기도 여주 청심루 밑에서 주류하며 피서하던 중 선중에서 갑자기 70세를 일기로 숨을 거두니 그의 사인에 대해 후세에 의혹을 남겼다.

일설에는 정도전이 거짓 내린 사약을 배 가운데서 마시고 죽었다고 한다. 이때 목은은 사약을 마시고 죽기 전 「사생지매오무의(死生之埋吾無疑)」라는 한마디 말을 남기고 숨을 거두었으며 그때 목은이 사약병을 받았던 대잎마개를 내던진 강가엔 댓잎이 뿌리를 내려 대밭이 우거졌다고 한다.

목은은 특히 시문 등 문학에 조예가 깊어 실의에 빠져 유랑생활을 할 때 더욱 주옥같은 시문학을 남겼다고 한다.

그는 만년에 언제나 초립과 백의를 걸친 망국의 외로운 신하로서 나라 잃은 설움을 달래며 산자수명한 산골짜기를 두루 돌아다니며 불심에도 사로 잡혔다고 한다.

# 어제 달천 충렬사비(御製達川 忠烈祠碑)

〈충주시 단월동〉

『시호시래부재래 일생일사도재연 평생장부보국심 삼척추련 마십년(時呼時來否再來 一生一死都在연 平生將夫報國心 三尺秋蓮 磨十年)』(때여, 때는 한번 와서 다시 오지 않나니 한번 나서 한 번 죽는 것이 바로 여기에 있도다. 장부 한 평생 나라에 바친 마음/석자 추련검을 10년 동안 갈고 또 갈았도다).

충렬사 유물전시관에 소장돼 있는 임경업장군의 석자 추련검 칼날에 새겨있는 시구다.

임장군이 간 지 3백 30여년, 아직도 빛을 잃지 않은 채 매서운 살기마저 서린 시퍼런 칼날엔 목숨을 바쳐 나라를 지키겠다는 장부의 호국충정이 어려 있는 듯했다.

충주시에서 남쪽으로 4km 단월동 대림산기슭에는 이조 제16대 인조 때의 명장 임경업장군의 위패를 모신 사당 충렬사가 웅장한 모습으로 자리 잡고 있다.

충렬사는 1727년 (영조 3년) 임경업 장군의 구국충절을 후세에 기리기 위해 세워진 후 여러 차례에 걸쳐 중수해 왔으나 경역이 너무 좁고 건물이 퇴락 초라하기 짝이 없었다. 그러던 중 호국선열의 유적이 퇴색해감을 마음 아프게 여긴 박정희 대통령의 특별 배려로 6천 5백여평의 대지 위에 규모 있게 정화사업을 벌여 지난 1986년 11월 23일 준공을 보았다. 충렬사 경내에는 임경업 장군의 영정을 모신 사당을 비롯해서 강당 · 유물전시관 외에 3개의 비석이 있다.

1791년 (정조 2년) 에 정조가 친히 글을 지어 임장군의 호국의 기개와 곧은 충절을 기려 세운 어제달천 충렬사비와 청나라에 끌려가 오랑캐의 수모를 견디다 못해 자결, 한국부인의 곧은 정절을 보여준 임장군 부인의 정열비가 새로 단청된 비각 속에 나란히 서 있고 입구 왼편에는 임장군의 애국정신과 대강의 행장을 담은 임충민공 유적 정화기념비가 현대적 감각의 조형미를 지닌 채 그 때 함께 세워졌다.

임경업 장군 (1594~1646년) 은 정주목사 · 청북방어사겸 영변부사 · 의주부윤 · 평안도병마절도사 겸 안주목사 등 요직을 두루 맡아 선정을 베풀었을 뿐만 아니라 이괄의 난 때 반란군을 진압하고 정묘 · 병자호란의 국난을 맞아 국운이 위기에 있을 때 백마산성 의주성 등을 수축하는 등 국방강화에 진력하는 한편 반청친명의 확고한 의리로 청나라와 싸워 국세를 신장하고 국토 방위의 일선장으로 많은 공헌을 남긴 한국이 낳은 장부였다.

임장군은 선조 27년 임난 때 신립이 배수진을 치고 결전 끝에 장렬하게 최후를 마친 충주 탄금대 근처에서 태어났다.

그는 어려서부터 용맹스러워 전쟁놀이를 할 때 언제나 대장이 되어 앞장섰을 뿐만 아니라 항상 글 읽기보다 병법을 익히고 말 타고 활쏘기를 즐겨 무인으로서의 꿈을 키워갔다.

드디어 27세 되던 광해군 12년 (1620년) 에 무과에 급제, 소년 시절부터 품고 있던 무인의 뜻을 펼 발판을 마련했다. 1624년 인조반정 후 논공행상에 불만을 품어오던 이괄이 드디어 반란을 일으켜 순식간에 서울을 점령하고 나라는 혼란에 빠져 민심이 어지러워졌다.

이때 임장군은 정충신의 막하에서 관군으로 출전, 안현에서 이괄의 반군을 크게 무찌르고 난을 평정하는 데 큰 공을 세우니 일등진무원종공신(振武原從功臣)포상을 받고 무인으로서의 이름을 떨치게 되었다.

또한 1627년 (인조 5년) 후금 (후에 청나라) 의 대군이 침입한 정묘호란 때에는 좌영장으로 강화도로 쳐들어갔으나 이미 굴욕적인 형제지의를 맺고 화의가 성립된 뒤여서 무인으로서 기개를 펴지 못한 채 싸울 기회를 잃기도 했다.

이후 1630년 (인조 8년) 엔 평양 중군이 되어 검산성 용골성을 수축 외침에 대한 방비를 튼튼히 했으며 각도에 파견 된 명나라 도감 유홍치의 동태를 감시하여 그의 준동을 막는 등 국방에 큰 공을 세워 인조로부터 마필을 하사 받기도 했다.

정주목사청북방어사 겸 영변부사로 있을 때에도 백마산성·의주성을 고쳐 쌓아 변방의 국방을 튼튼히 하는 한편 공유덕의 반란을 맞은 명나라의 원군요청에 따라 명군과 협공, 많은 전과를 올려 명나라 숭정황제로부터 총병관의 벼슬을 받았을 뿐만 아니라 이국의 원병으로 국위를 떨쳤던 것이다.

1636년 (인조 14년) 임경업이 의주부윤으로 있을 때 병자호란이 일어났다. 국호를 청으로 고친 후금 태종은 대국의 꿈을 실현하기 위해 명을 칠 야심을 품고 먼저 친명적인 조선을 눌러야한다는 생각에서 10만 대군을 이끌고 드디어 압록강을 건너 침공해 왔다.

변방에서 국방의 제일선을 담당하고 있던 임경업은 난감했다. 더구나 청태종의 침입소문을 들은 성내군졸들은 모두 달아나 버리기까지 했다. 그러나 국방의 막중한 책무를 짊어진 임경업은 목숨이 다할 때까지 적의 진로를 차단할 결심을 하고 성내에 흩어진 7~8백의 군사를 모으는 한편 군복을 입힌 허수아비를 수천 개 만들어 백마산성 주위에 세워 의병의 계책을 썼다.

그러나 백마산성의 방비가 튼튼한 줄로 속은 청군은 의주관문을 피하여 다른 길로 남하, 불과 10여일 후에 서울을 점령하였고 남한산성으로 일시 피란하였던 인조는 40여일 만에 삼전도에 직접 나가 굴복하고 말았다.

참으로 우리나라 역사상 씻을 수 없는 수치스러운 치욕의 오점을 남기게 됐다.

이때 임경업은 5천의 군사를 주면 태종이하 전 중신이 빠져나온 청의 수도 심양을 침공 7일 이내에 함락할 수 있으며 그렇게 되면 내침한 청군이 성급히 돌아갈 것이니 그 때 군사를 매복했다 역습을 하면 대승할 수 있다고 북벌을 강력히 주장했으나 겁먹은 김자점의 방해로 뜻을 이루지 못했다.

적의 허점을 찔러 피맺힌 굴욕을 씻을 북벌의 웅지를 꺾인 임경업은 의주를 굳게 지키며 적과 대결할 기회만을 노리고 있었다.

때마침 청태종은 국경을 경계하고 의주를 견제 할 심산으로 3백여명의 군사를 보냈다. 기회를 만난 임경업은 의주로 쳐들어

오는 3백여명의 청군을 거의 섬멸시키다시피 쳐부숴 비록 항복한 나라의 장군이지만 적에게 장군다운 기개를 보여주는 한편 가슴에 맺힌 울분을 조금이나마 풀었다.

이 후 청나라는 전승국으로 명나라를 치기 위해 조선에 두 차례나 원병을 강요했다.

패전국의 장수로 왕명을 받아 출병하지 않을 수 없었던 임경업은 그때마다 명나라와 내통하여 활촉이 없는 화살을 쏘고 공포를 쏘는 등 명나라의 피해를 줄였다. 비록 청나라 군대와 함께 명나라를 치는 입장에 있었다 할지라도 기회가 있을 때마다 친명배청의 마음으로 명나라를 도와 청나라를 없애려 했던 것이다.

이는 명나라에 대한 충성심이나 의리라기보다는 우리나라에 씻을 수 없는 굴욕을 안겨준 청나라에 대한 적개심에서였을 것이라고 보아야 할 것이다.

그러나 명장 홍승주가 청나라에 항복 임경업이 중 독보를 통해 명나라와 밀통한 사실을 일러바쳤다. 또한 그 배후에는 평화론의 거물인 당시의 영의정 최명길이 있다고 했다.

중 독보는 임경업과 최명길의 밀서를 가지고 명나라에 여러 차례 왕래하면서 청나라를 칠 내통을 하고 있었던 것이다.

이 사실이 탄로나자 임경업을 비롯 최명길 독보 등 관련자 10

여명이 체포되어 청나라로 압송을 당하게 되었다.

청으로 가는 길에 임경업은 대장부가 뜻을 펴지 못한 채 오랑캐에 끌려가 목숨을 잃을 수는 없다고 생각, 금교역에서 옥문을 부수고 탈출 천보산으로 도망쳐 회암사에 들어가 머리를 깎고 가사장삼을 걸친 후 중의 행색을 하고 끝내는 명나라로 망명해 버렸다.

청나라에서는 도망친 임경업을 잡으라고 여러 차례 힐난하던 끝에 임경업의 부인 이씨를 심양으로 잡아다 남편이 간곳을 대라고 족쳤다.

임경업의 부인 이씨는 오랑캐에 잡혀와 갖은 모욕을 당하는 것이 너무나 억울해서 품었던 칼을 빼어 옥중에서 자결하고 말았다. 그 당시에는 충신의 부인이 정열을 지켜 적지에서 자결을 했어도 정려문 하나 세워주지 못할 형편이어서 그 후 영조 때 정열비를 세웠다. 지금도 충렬사 뜰엔「대명충신조선임장군 경업처정부인완산이씨정열비(大明忠臣朝鮮林將軍 慶業妻貞夫人完山李氏貞烈碑)」가 보존돼 있어 그 부인의 정열을 기리고 있다.

충렬사 정화준공식에 참석, 이 비문을 본 박정희대통령은「대명대신」이라고 쓴 것은 잘못된 일이니 이 비는 기념관에 보관하고 이 자리에 완산이씨의 비석이 있었다는 사실을 우리말로 적은 비석을 새로 세우라고 지시했다.

한편 명나라로 망명한 임경업은 명군의 총병으로 청나라 공격에 나섰으나 명나라는 국운이 다해 멸망하고 끝내 뜻을 못편채 포로가 되었다.

청나라 황제는 임경업에게 부귀영화를 약속하여 귀순하기를 권유했으나 끝까지 굴복하지 않고 버티었다.

이때 1644년 (인조 22년) 3월에 인조반정공신의 한 사람이기도 한 심기원이 회은군을 내세운 모반이 일어났다.

중도에 탄로가 나서 심기원은 주살되고 회은군도 사사되었지만 이모반사건에 임경업이 관련되었다하여 인조의 요청으로 임경업은 청나라에서 반역의 죄인으로 본국에 송환되었다.

인조는 임경업이 모반에 관련되지 않았음을 알고 석방하려하였으나 반대파인 김자점의 모함으로 모진 매를 이기지 못하고 53세를 일기로 숨을 거두었다.

죽기 전『천하의 일이 아직도 끝나지 않았는데 나를 죽이는 것은 옳지 않다』는 말을 남겼다니 대장부 품은 뜻을 펴지 못하고 억울하게 죽는 것을 자못 아쉬워했던듯 하다.

국방의 일선에서 조국을 지키던 맹장이 청나라에 무릎을 꿇은 치욕을 끝내 씻지 못하고 북벌의 웅지를 실현 못한 채 역적의 누명을 쓰고 임경업은 이렇게 쓸쓸하게 세상을 떠났다.

이후 얼마 되지 않아 김자점이 다시 역적으로 몰려 무참하게 죽음을 당하니 비로소 이때부터 임경업의 충절은 크게 빛나게 되었다.

나라에서는 임경업에게 충민공이라는 시호를 내리고 정조 때는 충민공실기라는 책자까지 만들어 그의 충절을 기리고 공적을 영원히 기념하기에 이르렀다. 또한 영조 때에는 그의 옛 집터인 충주 달천에 사당 (충렬사)을 짓고 봄여름가을로 제사를 지내오고 있다.

나라에서도 나라와 백성을 위해 일생동안 충성과 정열을 쏟아 온 그의 뜻을 널리 펴기 위해 충렬사에 토지를 주어 영구 보존케 하였으니 오늘의 충렬사가 바로 이곳이다.

다시 1791년 (정조 15년) 엔 정조가 친히 글을 지어 비석에 새겨 세우도록 하였으니 이것이 지금 충렬사 뜰에 서 있는 「어제달천충렬사비」 이다.

# 우륵 추모비(于勒 追慕碑)

〈충북 충주시 칠금동〉

멀리 동쪽으로 오대산에서 시작된 물줄기가 영월 · 단양을 거쳐 충주로 휘돌아드는 남한강과 남쪽으로는 속리산에서 발원된 물줄기가 괴산을 거쳐 흘러드는 달래강(달천강) 이 주류하는 합수목에 충주의 명소 탄금대가 있다.

충주의 머리글자 충자와 청주의 머리글자 청자를 따 충청도란 이름을 지었다는 양반의 땅 충청도의 대표적 고장 충주 시가에서 서쪽으로 3km쯤 떨어진 대문산 줄기에 탄금대는 자리 잡고 있다.

탄금대는 지금으로부터 1천 4백여년전 우리나라 3대악성 중 한분인 우륵이 가야국에서 신라로 귀화하여 이곳에서 가야금을 타며 망국의 한을 달래던 유서 깊은 곳이다.

또한 탄금대는 이조 선조 25년 임란 때 팔도 순변사 신립장군이 조총포화의 십 수만 왜적을 창검궁시의 8천군사로 맞아 분전하다 전세가 불리하자 적진에 뛰어들어 수십 명을 격살한 뒤 애석하게 순국한 전적지이기도 하다.

탄금대를 찾는 발길이 끊이지 않는 데는 탄금대가 이러한 정한어린 사적지일 뿐 아니라 경관 또한 빼어나 명승지로서도 유명하기 때문이다.

사시사철 변함없이 푸른빛으로 탄금대를 휘덮고 있는 울창한 송림도 송림이려니와 강안에 펼쳐진 층암단애 그 아래로 굽이쳐 흐르는 남한강과 달천강줄기의 도도한 흐름은 과연 우륵이 올라 가야금을 탔을 법한 절경임에 틀림없다. 또한 탄금대에 오르면 충주시가가 한눈에 내려다보여 가슴이 확 트이는 시원함을 만끽할 수도 있다.

그래서인지 탄금대엔 충주문화관을 비롯해서 야외음악당, 충혼탑 육각정, 이 고장 출신 아동문학가 권태응 시비, 신립장군 전적비, 우륵추모비 등 역사적인 발자취와 함께 각종 문화시설이 우거진 송림사이로 어울려 자리 잡고 있다.

문화관 앞뜰에 있는 악성 우륵선생 추모비는 최근에 탄금대의 뜻을 깊이 기리고자 이 고장 사람들이 마음을 모아 세운 것이다.

월탄 박종화 박사가 글을 짓고 서봉 김사달 박사가 글을 쓴 비문엔 탄금대의 내력과 악성 우륵의 옛이야기가 새겨져 있다.

충주는 예로부터 국원성 또는 남성이라고 일컬어져 왔고 한국의 중앙지대에 위치하고 있어 중원 또는 충주라고 불리어져 지금에 이르고 있으며 일찍이 신라시대부터 문학과 가무가 성행하여 가위 문화의 고장으로서의 전통과 면모를 갖추고 있는 곳이다.

특히 탄금대는 신라의 악성 우륵이 가야금을 탄주하던 유서 깊은 곳이며 임진왜란 당시에는 순면사 신립장군이 배수진으로

서 왜적과 분전하다가 마침내 전세불리로 천추의 한을 남긴 채 순국성인한 전적지로서 유명한 곳이기도 하다.

악성 우륵은 가야국인으로서 왕산악선생 또한 난계 박연 선생과 더불어 우리나라 3악성중의 한분이시다.

가야국이 신라 법홍왕 19년 (532 AD)에 멸망하자 악성 우륵은 신라로 귀화, 망국한을 달랬고 12악곡을 대성한 곳이 바로 이곳 탄금대의 대문산이다.

지금도 탄금대에는 우륵이 우거하였다고 믿어지는 건조물의 유지가 발견되고 있다. 악성 우륵이 이곳 산하에서 산자수명한 주위의 풍광을 바라보면서 망국의 슬픔과 망향의 한을 달래며 가야금을 탄주할 때마다 많은 사람들이 그 우미 청아한 음곡에 도취하여 떠날 줄을 몰랐다고 한다.

오늘도 탄금대에 오르면 저 아득한 1천 4백여 년의 세파를 타고 애환에 젖은 가야금의 현묘한 음률이 은은히 울려오는 듯하며 변전무쌍한 세태의 무상함을 불현 듯 일깨워 주기도 한다.

그리하여 오늘날에도 탄금대하면 곧 악성 우륵을 연상하고 상징하는 곳으로 알려져 있다.

「실로 우륵 선생이야말로 신라 진흥왕대의 문화사를 아름답게 수놓은 악성이었으며 당시 이 고장 문화와 예술에 크나큰 영향과 발전을 이룩하게 하였던 것이니 오늘날까지 연면히 이어온 가야금의 전래와 함께 이곳 아름다운 유적인 탄금대를 위요한 산하와 더불어 영원토록 그 빛을 더하여 가리라. 이에 우리는 악성 우륵선생의 위업과 넋을 추모하고 기리는 마음과 이 고장문화와 예술의 중흥을 다짐하는 뜻에서 제 7회 우륵문화제에 즈음하여 동지들의 뜻을 모아 삼가 이 비를 세우노라.」

『서기 1977년 10월 20일』

가야금은 원래 변한에 있었던 축이란 현악기와 남제에서 들어온 쟁을 절충해서 만든 12현의 악기로 가야국의 가실왕이 우륵과 그 제자들에게 명하여 만들게 한 향토악기라고 전해오고 있다.

가야금이 비록 독창적인 악기가 아니고 중국의 악기를 개조한 것일지라도 가야국의 가실왕과 우륵이 만들었다고 해서 가야금이란 이름이 붙여지게 된 것 같다.

가야금을 개조한 우륵이 옛 6가야 중 어느 가야국 사람인지 확실치 않으나 삼국사기에 의하면 우륵은 지금의 고령 · 거창지방의 가야산 부근인 성열현에서 태어났다고 하였으니 고령가야가 아닌가 생각된다.

우륵의 부모에 대해서도 역사상 전혀 전해오는 기록이 없으나 그 시대엔 창녀의 아들이 악공이 되었던 점으로 미루어 보아 우륵의 어머니는 아마 창녀였을 것이라고 짐작된다.

옛 기록에 우륵이 악사로서 금 · 가 · 무 세 가지를 모두 잘했다고 쓰여 있는 것으로 보아 그가 여러 가야국 중에서 가장 뛰어난 천재적 악공이었던 것만은 틀림없다.

우륵의 특출한 음악적 재질을 인정한 가실왕은 『여러 나라 말이 각기 성음이 다른데 어찌 한 가지로 할 수 있겠는가』 하고 가야금을 만들게 하는 한편 12월의 율을 상징하는 12곡을 짓게 했다고 한다.

이 12곡은 가야연합국이 가장 강성했을 때의 지방악들로 가야연맹의 맹주였을 가실왕이 각 가야제국의 지방악을 가야금으로 부르게 했던 듯싶다.

낙동강을 중심으로 형성되었던 6개의 부족구가였던 가야국은 금관가야를 맹주로 한 때는 세력이 왕성하였으나 신라 법흥왕대에 이르러 금관가야가 여러 차례 혈투 끝에 신라에 멸망당하면서부터 쇠퇴하기 시작했다.

이후에도 가야연맹의 항쟁은 30년 동안 계속되었으나 끝내는 주변의 강국인 백제와 신라에 모두 흡수되고 말았다. 우륵이 가야금을 개조한 것은 이 동란 이전이었으며 가야국이 점차 멸망의 길을 걷자 우륵은 신라 진흥왕 12년 (서기 551년) 에 가야금을 가지고 신라에 귀화하게 되었다.

우륵의 출생지가 고려가야고 가실왕이 성주국인 금관가야의 임금이라면 이는 서로 상치되는 일이나 모두 자세한 기록이 없어 확실히 알 수 없는 일이다. 금관가야가 망한 것은 신라 법흥왕 때였으며 고령가야가 망한 것은 이보다 30년 뒤인 진흥왕 때였으므로 연대적인 차이가 난다.

만약 우륵과 가실왕이 금관가야 사람이었다면 우륵의 신라귀화는 나라가 망한 후 20년 동안 가야연맹국을 전전한 후일 것이고 우륵과 가실왕이 고령가야 사람들이라면 나라가 망하기 10여년 전에 조국이 망할 것을 예측하고 신라로 왔을 것이다.

어쨌든 가야금을 들고 신라에 귀화한 우륵은 가련한 망명악사임에 틀림없고 조국을 등지고 이국에서 가야국 각 지방의 12곡을 타야 했던 그의 심경은 오열하는 듯한 가야금의 구슬픈 선율만큼이나 처절했을 것임에 틀림없다.

충주 탄금대의 아름다운 풍치에 감동되어 우거지를 삼은 우륵이 탄금대 바위에 올라 유유히 흐르는 강물줄기를 내려다보며 가야금을 탄주할 땐 충주지방에 와 있는 가야의 백성들이 모여들어 함께 향수에 젖어 눈물짓곤 했을 것이다.

이럴 즈음 죽령이북을 공략하기 위해 충주에 이른 신라의 진흥왕이 우륵의 소문을 듣고 그를 불러 하임관에서 음악을 연주하게 했다. 이때 우륵은 하임조와 눈죽조의 새로운 두곡을 지어 탄주 진흥왕의 격찬을 받았으나 신라의 신하들은 이곡을 망국의

음이라고 물리칠 것을 간청했다. 그러나 진흥왕은 우륵의 가야금 탄주를 즐겨듣고 우륵을 충주에 머물게 하는 한편 계고, 법지, 만덕 등 세 사람으로 하여금 가야금을 배우게 했다.

우륵은 각기 이들의 재질에 따라 계고에게는 가야금을 법지에게는 노래를 만덕에게는 춤을 가르쳤다.

우륵으로부터 음악을 배운 이들 세 악사는 훌륭한 기량을 발휘해서 후에 신라대악서에 정식 편입되어 신라의 삼현으로 민족음악의 전통을 길이 남기게 되었다.

이후 우륵의 소식은 알 길이 없으나 탄금대의 우거진 송림 사이와 남한강 줄기를 따라 펼쳐진 강안의 절벽바위 사이를 소요하면서 계속 가야금을 탔을 것임에 틀림없다.

이후 가야금은 거문고와 함께 1천 4백여 년을 내려오면서 미족음악으로 전통을 이어왔다.

아직도 가야금의 애를 끊는 듯한 구슬픈 가락 속엔 가야국의 악사 우륵의 망국의 한이 담긴 듯 우리의 심금을 울려주고 있다.

어쩌면 천수백년동안 내려오면서도 가야금의 애조 띤 선율이 변하지 않은 것은 우리민족의 서러운 숙명이 담겨온 때문인지도 모른다.

지금이라도 곧 어디에선가 우륵의 신비스러운 가야금소리가 들릴 듯도 한데 탄금대의 울창한 송림과 유유히 흐르는 남한강 · 달천강줄기는 무심하기만 하다.

# 우암 송시열 비(尤庵 宋時烈 碑)

〈충북 괴산군 청천면 청천리〉

우암 송시열(1607~1689년) 은 이조 중기 제 14대 선조 때 태어나 인조, 효종, 현종, 숙종의 4왕조에 걸쳐 이름을 날린 주자학(朱子學)의 거유였다. 또한 이조의 국기를 흔들 정도로 피나는 싸움을 벌였던 사색당쟁의 중추적 존재로 노론의 개조였으며 명나라를 존중하고 청나라를 배격한 대 정치가이기도 했다.

8백 88권으로 된 방대한 이조실록 가운데 송시열 한 사람의 이름이 3천 번 이상이나 나온다니 그의 역사적 위치가 얼마나 컸던가를 짐작케 한다.

송시열이 태어나서 글을 배우며 어린 시절을 보냈고 벼슬길에 들어선 후나 노후에도 오랜 세월을 보낸 충청지방에는 아직도 그의 행적을 기리거나 기념하는 유적이 곳곳에 많아 그의 발자취와 체취를 더듬어 볼 수 있다.

특히 그가 태어나서 묻힌 충북 땅에는 더욱 많은 유적들이 산재해 있다.

보은군 삼승면 원남리에는 송시열 4형제가 살던 곳을 기념한 유허비가 있고 그가 태어난 옥천군 이원면 용방리에는 그의 업적을 찬양한 우암유허비가 두 곳에 있으며 그가 서재를 짓고 강학하던 영동군 황금면 원촌리에는 송우암선생의 비가 있다. 또한 괴산군 청천면 청천리에는 어필로 된 송우암 신도비가 있다.

뿐만 아니라 몇 차례 벼슬길을 오르락내리락하며 은거하였던 괴산군 청천면 화양리 계곡 암벽엔 우암의 글씨로 새겨진 각자가 곳곳에 널려있으며 용방리에 용문서원 원촌리에 한천서원 이백리에 이지당 등 그가 학문을 수학하고 강론하던 서원도 몇 군데 있다. 이밖에도 우암과 관련된 유적은 충북도내에 한두 개가 아니다.

우암 송시열은 이조 제 14대 선조 40년 11월 12일에 충북 옥천군 구룡촌(이원면 용방리)에서 아버지 송갑조와 어머니 곽씨 사이에서 태어났다.

어머니 곽씨는 명월주가 입으로 들어오는 태몽을 꾸었고 아버지 송씨는 공자가 제자들을 거느리고 자기 집에 들어오는 꿈을 꾼 후에 우암을 낳았다고 한다. 옥천읍에서 영동 가는 국도로 20분쯤 가다 왼편 소로로 갈려 1km쯤 가면 거의 부서져 가는 초라한 비각 속에「우암선생 유허비」가 있다. 우암의 업적을 찬양하기 위해서 이조 정조 때 건립한 비다.

이곳 마을 사람들은 이곳에서 우암부모가 그를 잉태했다고 알고 있다.

이 유허비가 있는 곳에서 조그마한 언덕을 넘어 오른편으로 약 5km 쯤 다시 가면 지금은 슬레이트 지붕을 이은 평범한 외딴 촌가 한 채가 덩그렇게 서 있다.

이 집 울안 오른편 뜰에 『수옹 송선생유묘』 라고 새긴 조그마한 비가 있다.

이 집터에서 우암이 태어났고 이를 기념하기 위해 세운 비라지만 비문은 거의 마멸돼 알아볼 수가 없다.

우암의 어머니가 그를 잉태한 채 마당에서 베를 매고 있는데 꿩 한마리가 황급히 치마 속으로 날아들었다고 한다. 뒤미처 들이닥친 사냥꾼들이 꿩의 행방을 물었으나 우암의 어머니는 시침을 떼고 있다가 사냥꾼들이 울뒤 대나무 숲을 뒤지다 돌아간 뒤에 꿩을 살려 보냈다는 전설이 이 마을에 전해 오고 있다. 이 전설을 뒷받침이나 해주는 듯 아직도 울뒤엔 파릇한 대밭이 무성하다.

우암이 태어났다는 집터에서 나지막한 산등성이를 넘어 1km쯤 돌면 금강줄기가 유연히 휘도는 그 너머로 멀리 지탄역이 바라다 보이는 금강면 언덕 위에 용문영당이 초라한 모습을 드러낸다. 용문명당은 우암이 소년시절 수학을 하고 장성한 후엔 지방의 영재들을 모아 몸소 가르쳐 훌륭한 인재를 배출한 서당이다. 이곳에 그의 영정을 봉안하고 있다. 우암은 어릴 적 이곳에서 유유히 흐르는 금강줄기를 내려다보며 한없이 큰 꿈을 키웠을 것임에 틀림없다.

우리를 안내한 이 마을 곽영태씨 (59)는 이조 5백 년 동안 농민의 아들로 태어나 당대에 정승이 된 사람은 우암밖에 없다고 우암의 고향에 살게 된 것이 자랑스럽다고 했다.

우암은 8살 때부터 동춘당 송준길의 아버지 송이창에게 송준길과 함께 글을 배웠고 이것이 계기가 되어 학문과 정치생활에서 줄곧 그와 고락을 같이 했다. 인조 8년 아버지의 3년상을 벗은 우암은 율곡의 수제자로 명망이 높던 사계 김장생의 문하에 들어가 수학함으로써 율곡의 학통을 이어받게 됐고 1년 뒤 김장생마저 세상을 떠나자 그의 아들 신독재 김집으로부터 다시 배웠다.

우암은 송준길이 사는 회덕 송촌으로 옮겨와 송준길과 함께 연산에 있는 김집에게 다니며 학문연구에 몰두했다. 회덕에서 연산까지 50리 먼 길을 매일같이 책과 도시락을 메고 다니면서 공부에 전념하였다하니 그의 학문열이 얼마나 대단했던가를 짐작하게 한다.

그는 회덕에서 연산가는 도중에 도시락 절반을 먹고 나머지는 나뭇가지에 걸어 놓았다가 돌아오는 길에 먹곤 했다고 한다.

황간면 초입서 왼편 길로 접어들어 들산을 돌아 잠수교 비슷한 다리를 건너면 바로 왼편동네 원촌리에 또 하나의 「우암선생유허비」가 있다.

이곳에는 언제 세웠는지 확실한 연도는 알 수 없으나 한천서원이란 서원이 있고 여기서 한때 우암이 서재를 짓고 머물면서 강학을 폈다고 한다. 이를 기념하기 위해 고종 때 후손과 지방유림이 힘을 합쳐 비를 건립했다.

대원군 시절에 서원은 철폐되고 지금은 비와 한천정사만이 남아있다.

고색이 창연한 한천정사 앞엔 큰 정자나무가 있고 그 밑으로 좁긴 하지만 깨끗한 백사장을 낀 시내가 흐르며 그 건너엔 깎아지른 듯 높이 솟은 절벽산이 절경을 이루고 있다. 달이 머무는 산봉우리라 해 이름도 유월봉이라 붙였다던가….

아닌 게 아니라 한천정사와 정자와 백사장과 냇물이 어울린 이곳 유월봉에 보름달이라도 걸리면 그 풍치는 더욱 그럴듯할 것 같다.

인조 11년 (1633년) 생원시험에 장원으로 합격, 경능참봉이 되었다가 이듬 해 후에 효종이 된 봉림대군의 스승이 되었다. 우암과 효종의 특별한 관계는 이때 맺은 정의 때문이었을 것이다.

다음해 병자호란이 일어나 인조를 따라 남한산성에 들어갔으나 끝내 인조가 청나라에 치욕적 항복을 하고 봉림대군이 볼모로 심양에 끌려가게 되자 고향으로 돌아와 버렸다.

이때 한천정사가 있는 서원에서 빈한한 생활을 하면서 사방에서 모여드는 제자들에게 학문을 가르치는 일에 전념 여러 벼슬자리를 마다하고 혼잡한 세상을 등지고 살았다고 한다.

괴산군 청천면 청천리 면사무소가 있는 동리 초입엔 우암의 신도비가 있고 신도비각 뒤 가파른 비탈길을 오르면 우암의 묘소가 있다. 비각둘레에 다시 돌담이 돌려져 있고 그 곁에 5백년쯤 묵었다는 은행나무가 거구를 하늘로 뻗치고 있다.

여러 갈래로 나뉘어 뻗은 은행나무 가지마다 백로집이 수없이 많아 봄 여름이면 백로 떼가 하얗게 날아들어 장관을 이룬다고 한다. 비각에 들어서면 윤이 반들거리는 새까만 오석에 「유명조선국 좌의정 우암 송선생지묘」라고 새긴 빨간 글씨가 깨끗하고 뚜렷해 무척 인상적이다.

비 전면 왼편 머리와 가첨석에 조그마하게 어필이라고 새겨져 있다. 비 뒷면엔 우암의 공적을 새겨 넣었다. 비신의 높이는 2m 50cm. 빗들이나 대석이 모두 2~3m되는 거대한 돌덩이로 되어 있다.

신기하게도 나라에 어려운 일이 있을 때마다 빗돌에서 땀이 흐른다고 하는데 최근엔 6 · 25동란과 1 · 21사태 때 땀을 흘렸다고 한다. 믿을 수 없는 일이나 지금 보송보송 말라있는 비신에는 사방에 물이 흘러내린 흔적이 지워지지 않은 채 그대로 남아 있다. 청천리에서 9km쯤 떨어진 화양리에 가면 도립공원으로 지정된 계곡을 타고 우암과 관련된 유적들이 많이 널려있다.

화양리에 들어서는 왼편 길가엔 고목이 된 벚꽃나무 가로수가 10여 그루 서있는데 우암이 심었다는 이 나무들엔 지금도 봄이면 화사하게 꽃을 피우지만 예부터 열매는 맺지 않는다니 어떤 연유인지 알 수가 없다고 한다.

신의 조화로 깎고 다듬은 듯 기묘한 바위들이 연이어 길게 하늘로 높이 서있는 입구에서 화양천을 거슬러 올라가노라면 감탄할 절경들이 꼬리를 물고 펼쳐진다. 소담에 구름 그림자가 맑게 비친다는 운영담 쪽 희고 둥근 바위는 우암이 효종의 휘일을 슬퍼하며 매일같이 새벽에 올라 통곡하였다고 해서 읍궁암이란 이름이 붙여졌다.

읍궁암에서 희고 넓적한 바위가 티 없는 옥반처럼 깔려있는 시내를 따라 조금을 올라가면 이 계곡 절경 중의 절경 금사담이 있다. 맑고 깨끗한 물속에 잠긴 모래가 금싸라기 같다던가.

우암은 이 금사담 언덕 위에 암루재를 짓고 은거하면서 임금이 부르면 벼슬길에 올랐다가 다시 돌아오곤 하기를 몇 번을 거듭했다고 한다.

금사담에 배를 띄워 초당과 암루재 사이를 오락가락하며 화양천 경승을 즐겼을 우암은 당쟁에 지친 몸과 마음을 이곳에 묻어두기를 무척이나 원했을 듯싶다.

금사담 곁 암벽에 새긴 「창오운단(雲斷) 무이산공(山空)」과 첨성대 아래 「대명천지 숭정월일(大明天地 崇禎月日)」은 모두 우암의 글씨다.

또한 첨성대 밑에 「비례부동(非禮不動)」이라 새긴 글귀는 숙종 때 판서 민승중이 북경에 갔다 얻어 온 의종의 어필을 우암이 시켜 조각한 것이라고 한다. 이후 숙종 26년엔 우암이 유서에 원하는 대로 이곳 화양동 낙영산 밑에 명나라 신종과 의종을 위하여 사우를 짓고 매년 3월 9일에 제향을 올렸다.

고종 등극 후 대원군이 이 만동묘제향에서 수모를 당한 것이 말미가 되어 전국의 서원철폐를 명하게 되었다는 유명한 곳이다.

일제의 탄압 속에서도 제향을 계속 하다 결국 일경의 손에 의해 만등묘 편액은 소각되고 몇 개의 비는 글씨를 쪼아 볼 수 없이 되었다.

현재 흔적조차 찾아보기 힘든 폐허 속에서 여러 개의 비석과 주추를 발굴해 냈고 얼마 전에도 글씨가 쪼아진 채 땅속에 묻혀 있는 만동묘비를 새로 찾아냈다. 만동묘의 복원은 너무나 엄청난 돈이 들기 때문에 쉽게 손을 댈 엄두를 못 낸다고 한다.

우암송시열은 이조 중기 4조에 걸쳐 이조판서 · 좌의정 · 우의정을 지내면서 서인의 거두로 남인과 대립하고 소론과 대립하여 노론의 영수로 활약했다. 그러나 효종이 승하했을 때 대왕대비의 복상문제와 장지 문제가 두고두고 말썽의 불씨가 되어 귀양살이를 하는 등 평탄치 못한 벼슬길을 걸었다.

숙종 15년 (1689년) 왕세자 책봉문제로 올린 상소가 왕의 비위를 거슬리게 되어 제주도로 귀양 갔다 다시 서울로 불려 올라오는 길에 정읍에서 사약을 받고 83세를 일기로 비통한 최후를 마쳤다.

숙종 20년 서인이 다시 세력을 잡자 그의 관직이 다시 주어지고 문정공의 시호가 내려졌다. 주자학의 연구에 몰두한 대유로 이이의 학통을 계승 기호학파의 주류를 이루어 많은 저서를 남기고 훌륭한 학자를 길러낸 우암의 공적은 길이 빛날 것이다.

## 난계 박연 신도비(蘭契 朴然 神道碑)

〈충북 영동군 심천면 고당리〉

곳곳에 높이 솟아 이어진 준령사이 깊은 골마다 흐르는 물이 맑아서인가 영동 땅에선 우리 민족사에 길이 빛날 충신열사 등 명현들이 숱하게 많이 났다. 이 중에서도 중국계 아악을 정비하여 국악의 기반을 닦아놓은 난계 박연은 아악(雅樂)의 대가로 이 고장에서 배출한 가장 위대한 음악가이다.

대전에서 영동으로 가는 국도를 따라가노라면 영동읍을 10km쯤 남겨 놓은 지점 바로 국도변에 난계와 그의 조부, 숙부, 부친 등 9위의 위패를 모신 밀양박씨의 사당 세덕사가 있다.

이세덕사 안에『난계 박선생신도비』가 새로 지은 비각 속에 사촌인 국당 현당의 것과 함께 나란히 서 있어 그의 불멸의 업적을 길이 전해 주고 있다.

원래 난계비는 지금 서있는 곳보다 조금 앞쪽 세덕사 광장에 서있던 것을 얼마 전 중수하면서 뒤로 옮겨 새로운 비각을 마련 단장하게 된 것이라고 한다.

매년 음력 10월 초하룻날에는 전국 각 처에서 수 백명의 밀양 박씨 후손들이 세덕사에 모여 시향을 지낸단다.

세덕사 오른편에 자리 잡은 쌍청루는 난계가 어릴 적 국당 · 악당과 함께 글을 배우던 곳이라고 한다.

세덕사를 나서 국도를 따라 영동 쪽으로 조금만 가면 양강물을 내려다보는 언덕위에 난계내외의 영정을 모신 난계사(지방

문화재 8호)가 말끔히 단장된 채 우뚝 솟아있다. 1972년 난계의 업적을 기리기 위해 지방 유지들이 뜻을 모아 창건한 것이다. 영동군 심천면 고당리. 이곳이 바로 난계가 나서 자란 곳이다.

거문고를 창제한 고구려의 왕산악, 가야금을 제작한 신라의 우륵과 더불어 우리나라 3대악성중의 한분으로 추앙받는 난계 박연은 고려 우왕 4년(1378년) 삼사좌윤을 지낸 박천석의 아들로 태어났다.

어려서 아버지를 여윈 박연은 지극한 효성으로 홀로 된 어머니를 봉양했다고 한다. 세덕사 신도비 곁 조그마한 비각 속엔 그의 효자비가 있다.

옛날에 세운 본래의 효자비는 종가에 있고 이곳에 있는 비는 20여 년 전에 새로 세운 것이라고 한다.

박연의 처음이름이 「然」 이라서인가 이 효자비에는 「효자 박연(孝子 朴然)」 이라고 이라고 새겨져 있다. 난계라는 호의 유래는 그의 전원에 난초가 많았기 때문이라고 한다.

어렸을 때부터 저(적)를 잘 불어 영동지방에선 손꼽는 명수로 이름을 날렸는데 후에 서울에 올라가 장락원 아사에게 저를 배울 기회가 있었다. 처음 악사는 난계의 저소리가 그릇된 습관에 굳어 고치기 어렵다고 했으나 며칠 가르친 후에는 스승이 무릎을 끊고 『이미 그대는 내경지를 넘어서 내가 따를 수 없다.』 고 감탄했으니 타고난 난계의 음악적 소질은 어느 누구도 따를 수 없을 정도로 뛰어났던 것임에 틀림없다.

이조 태종 5년(1405년) 28세 때 생원에 급제하고 34세 때에 문과에 첫째로 급제한 후 집현전 교리를 비롯해서 사간원 정언, 사헌부지평 · 세자시강원문학 등을 역임하였다.

세종이 즉위한 후 난계의 재질을 높이 사 예우를 두터이 하는 한편 관습도감제조를 임명하여 음악에 전념토록 했다.

이때부터 난계는 악서를 편찬하고 편경과 더불어 각종 아악기를 만들었으며 조회아악 · 회례아악을 창제하고 제향아악 특히 종묘악을 정정하는 등 이조음악의 기반을 닦아 국악을 완성했다.

그가 중국계 아악을 정비하여 국악의 기반을 닦은 탁월한 업적은 높이 평가되어야 할 것이다. 세종 7년(1425년) 난계가 48세 되던 해 2월에 악학별좌로 있으면서 향당악율조와 악기보법 및 악기 그림을 실어 한권의 악서를 찬집했다. 약 6년이나 걸려서 완성한 이 악서는 악률 사용법 등 음악에 대한 모든 것을 정리한 데 그 의의가 있다.

난계는 또한 여러 가지 아악기를 만들어 냈다. 석경을 비롯해서 대고 · 편종 등 각종 악기를 제작 또는 개조했다.

그러나 아악기 제작보다는 여러 악기의 합주가 화음을 낼 수 있게 하는 악기의 조율을 이룩한 데 더 큰 의의가 있다. 악기의 조율에 필요한 편경은 돌로 만들어진 것이라 쇠로 만든 종같이 차고 더운데 영향을 받지 않고 음이 변하지 않기 때문에 이에 따른 여러 악기가 조율된다.

세종 9년 5월 난계는 세종의 명에 따라 중국 황종의 경을 표준으로 편경 12매 한 틀을 만들어 자작한 12음률에 의거한 정확한 음률로 연주하게 했다.

세종도 중국의 경과 비교해서 소리를 들어보고 중국 것보다 더 잘 맞는다고 칭찬을 아끼지 않았다고 한다.

세종실록에 의하면 난계의 감독 하에 세종 8년 가을부터 동 10

년 여름까지 남양의 경석을 가져다 종묘와 영령전 및 모든 제사에 통용 할 편경과 등가에 쓸 편경·특경등 5백 28매를 완성했다는 기록이 보인다.

난계는 또한 조정의 조회 때 연주하던 향악을 없애고 아악의 사용을 건의하여 실행케 했으며 세종 13년에는 별좌 정양과 더불어 회례에도 아악을 채택케하여 궁정 음악을 전반적으로 개혁하였다.

난계는 정양과 함께 조회악기를 제작하여 왕에게 바쳤고 세종 13년 정월하례에 새로 재정된 아악이 처음으로 연주되었다. 이 뒤 세종 13년부터 회례아악 제정에 착수하여 3년만인 정월초하룻날 근정전에서 회례연이 있을 때 융안지악·서안지악·휴안지악 등 새로운 아악이 처음으로 사용되었다. 난계는 조회악과 회례악을 제정한 공로로 두 번에 걸쳐 세종으로부터 안마를 하사 받았다.

제향의 악도 모두 주나라 제도에 의거한 것인데 옛 제도에 어긋남을 지적하여 바로 잡았으며 종묘의 악뿐 아니라 사직·석전 등의 모든 제사악에 대해서도 틀린 것을 바로잡아 세종 20년대의 종묘악은 처음으로 전통적 아악으로 확립했던 것이다.

세종 15년 7월 난계는 유언비어를 유포했다는 죄로 파직 되었다가 용서받고 다시 아악에 종사한 후 공조참의와 염지중추원사를 거쳐 동지중추원사로 승진했다.

세종 27년 67세의 노구로 명나라 황제의 생일을 축하하는 성절사로 다녀와서 인수부윤 중추원부사를 역임하고 예문관 대제학까지 벼슬이 올랐다.

단종 원년 10월 그의 셋째 아들 계우가 안평대군의 무리와 부동하였다고 처형을 당했으나 난계는 3조에 걸친 원로라는 데서 간신히 화는 면했으나 파직되었다.

노년에 비운을 당한 난계는 그 후 고향인 영동으로 내려와 쓸쓸한 여생을 보내다가 세종 4년 (1458년) 3월 23일 81세를 일기로 숨을 거두었다.

이 뒤 영조 43년 문헌공이란 시호를 받고 영동의 초강서원에 제향 되었다.

난계가 여러 가지 아악기를 제작했다는데도 공로를 인정할 수 있겠지만 이보다 더 큰 공적은 경의 제작에 있다.

편경은 모든 악기를 조율하는데 사용되어 대규모의 합주가 화음을 이루게 하는 아악의 불가결한 악기로서 한국 아악과 일본 아악을 구별할 수 있게 할 뿐 아니라 한국음악 사상 획기적인 것이었다. 난계 박연은 아악에 정통하고 아악을 숭상하여 모든 의식에 아악을 주악하도록 심혈을 기울여 성공을 거두었다.

오늘날까지 문묘의 제악은 난계가 제정한 아악이 준용되고 있으나 다른 것은 거의 모습을 찾을 길이 없음은 매우 애석한 일이다.

난계의 신도비와 효자비가 있는 세덕사 광장에 음악학원을 세워 국악에 뜻을 둔 젊은이들에게 배움터를 마련해 줄 계획이라니 우리나라 악성의 얼이 서린 이곳에서 제 2의 악성이 태동할 만도 하다.

난계가 간지 5백여 년 아직도 이 지방 사람들은 매년 가을이면 「난계예술제」란 특유의 향토제전을 다채롭게 벌여 이 고장에서 난 뛰어난 음악가를 추앙하고 있다.

## 의암 손병희 유허비 (義庵 孫秉熙 遺墟碑)

〈충북 청원군 북이면 금암리〉

깊고도 어두운 잠속에 빠져 있는 민족을 일깨워 개화의 바람을 일으켰고 나라를 빼앗기고 이민족의 압박과 설움을 받던 민족혼에 불을 붙여 3 · 1독립운동을 영도했던 의암 손병희 선생은 한국역사상 획기적인 족적을 남긴 충북이 낳은 애국자다.

청원군 북이면 봉암리, 이곳에서 의암은 태어났고 이곳에서 젊은 시절 조국을 위해 열렬한 뜻을 키웠다. 청주에서 북쪽으로 12km쯤 달리다 오른편으로 갈라져 충북선 철길을 넘어 약 2km쯤 가다보면 나지막한 언덕위에 의암 손병희 선생 유허비가 송림사이로 모습을 드러낸다.

1961년 4월 8일 의암 탄생 1백주년 기념일을 계기로 충북문화재보존회에서 유허비건립을 추진 이듬해인 1962년 5월 19일에 조지훈씨의 글과 배길기씨의 글씨를 받아 세운 것이다.

비의 건립연대가 오래지 않아 비의 문화재적 가치는 없다하더라도 순 한글로 된 비문엔 갑오혁명의 선봉이 되고 갑진개화에 횃불을 들었으며 기미독립운동을 영도한 의암의 행장과 업적이 낱낱이 기록돼 있다.

유허비를 등지고 내려다보면 왼편으로 비스듬히 약 1백여m 떨어진 곳에 흰 칠을 한 생가가 훤히 들여다보인다. 한식 담장으로 초가 한 채가 깔끔하게 보존돼 있다. 의암은 이 집에서 1861년 4월 8일 청주관아의 아전으로 있는 손의조의 후실 최씨의 몸에서 태어났다.

어렸을 때부터 건장한 체구에 당당한 의기를 지녔어도 가난한 집의 첩의 아들로 태어난 의암은 뜻을 펼 수가 없었고 따라서 적서를 차별하던 당시 사회제도에 큰 불만을 품었던 것 같다.

여기서 반항아적 기질이 싹텄음에 틀림없다. 7살 때부터는 회초리를 맞으면서도 아버지나 형을 아버지나 형이라 부르지 않았고 15세 때는 딸을 주기 꺼려하는 장인 될 사람의 옷자락을 휘어잡고 위협을 하면서 혼인을 허락받기도 했다고 한다.

한편 의협심도 강하고 인정이 많을 뿐 아니라 성품이 강직했던 듯 일화도 많다. 관청에 바칠 공금을 심부름 길에 만난 급한 환자를 구하기 위해 쓰기도 했으며 어사의 말꼬리에 묶여가는 역졸을 풀어주고 어사를 쫓아버린 일도 있으며 아무도 손대지 않는 전염병 환자를 손수 뛰어들어 염습을 해서 매장해 주기도 했다고 한다.

그러나 의암의 청년기는 서자로 태어난 자신의 처지를 한탄하는 번민과 방황의 시기였던 듯하다. 의암은 가끔 지금 비가 서 있는 이 동산에 올라 홀로 울분을 터뜨리곤 했을 것임에 틀림없다. 한때 글을 배워봐야 쓸 곳이 없다는 생각에서 책을 멀리하고 술과 노름을 가까이하며 건달패를 모아 두령이 되어 건달로서 이름을 떨치기도 했단다.

불우한 환경 속에서 방랑하던 반항아 의암은 1882년 22세 때 동학에 입도하면서 수도에 정진하는 일대 전기를 이루었다. 당시의 동학교주 최시형의 수제자로 총애를 받게 된 의암은 건달패들과 손을 끊고 익산의 사자암과 공주의 가엽사에서 기도를 올리는 등 수도생활에 전념했다.

수도생활을 하는 동안 짚신을 삼아 팔아 연명하는 곤궁한 속에서도 의기가 꺽이는 일이 없었으며 갑오혁명을 전후한 동학탄압 속에서 피나는 고초를 겪었으나 의연한 자세를 굽힐 줄 몰랐다.

1894년 갑오혁명 때는 최해월의 친명을 받아 북접 (충청이북)의 통령으로서 동학군을 이끌고 남접의 전봉준과 논산에서 합세 탐관오리와 악질적인 양반토호들을 숙청했다. 한편 한민족 자주의 대의를 밝혀 척양척왜의 기치를 들고 관군이외에 일 · 청의 군대와도 격전을 벌여 도처에서 승리 봉건적 양반사회를 뒤흔들어 놓았다.

그러나 침략의 마수를 노골적으로 뻗친 왜군의 적극적 개입으로 동학군은 무참한 패배를 당하고 수십만 교도의 희생을 낸 끝에 해월과 함께 지하에 잠복 활동을 중지했다.

의암은 해월 최시형이 체포되어 순교하자 실질적인 동학도통으로 지하에서 동학재건에 힘썼다. 이때 의암의 나이 37세였다.

해월의 순교에 이어 동학교인에 대한 박해는 더욱 심해져 수천명의 교인이 목숨을 잃게 되자 의암은 망명을 겸한 외유길에 오르게 되었다. 의암은 전부터 선진문명 세계를 시찰하여 동학의 현대화를 꾀할 구상을 하고 있었다.

의암은 일본 「나라」 에 머물면서 한국학생들을 일본에 데려다 유학을 시키는 한편 본국교인들에게 내외 정세에 적응한 지시를 끊임없이 내려 포교에 힘썼다.

이때부터 의암은 기우는 조국의 운명을 통탄하면서 정치적 현실에 관심을 갖고 조국근대화에 적극 앞장설 것을 결심하게 된 것 같다.

의암은 그의 저서「명리전」과「혁신정론」에서『지금 우리나라 사람들은 장야취몽하여 깨어날 기약이 없는지라 세계 각국 사람들이 죽은 사람 같이 취급하니 어찌 통탄할 일이 아니겠는가.』했으며『우리나라는 조야가 어지럽고 민생이 안정을 잃었으니 외적이 침범해도 조정에서 방어할 방책을 못 내고 백성이 빈한하여 힘을 잃었으니 실로 통탄할 일이다.』라고도 했다.

또한 의암은 서양의 발달된 문물을 배워 국당의 방책을 이뤄야 한다고 주장하는 등 깊은 정치적 경륜을 지니고 있었다.

1904년 2월 러일전쟁이 터지자 의암은 동학의 지도자 40여명을 일본으로 불러들여 동학도가 궐기하여 개화운동을 전개하는 한편 러일전쟁에 참여 구국의 길을 열 것을 지시했다.

이리하여 이용구 등의 주동으로 진보회가 조직되고 이회에 가입한 16만의 동학교도들은 머리를 깎고 검은 옷을 입은 후 정부개혁과 민권신장을 주장하고 나섰다.

이들은 간편한 양복차림에 긴 담뱃대 대신 궐련을 피웠으며 개화경을 쓰고 개화장을 짚고 다니며 인습타파에 선봉이 되었다.

그러나 배신한 이용구가 진보회원을 이끌고 친일단체인 송병준의 일진회에 들어가 드디어는 을사보호조약을 찬성한다는 성명까지 발표하게 되었다. 이 소식을 들은 의암은 핏덩이를 토하는 아픔을 느끼고 1905년 12월 1일 동학을 천도교로 이름을 바꿔 제 3대 교주로 취임했다.

이듬해 1월에 귀국한 의암은 이용구 등 친일분자 62명을 출교처분하는 한편 교와 회를 완전히 분리시켰다.

이후 의암은 손수 지방유세를 다니며 천도교세를 확장 기반을 확립한 후 경향각지에 학교를 경영 육영사업으로 항일투쟁의 힘을 축적해 갔다. 국권회복을 위한 의암의 독립운동준비는 10년간 계속되었다.

마침내 1차대전이 끝나고 민족자결주의 조류가 일자 1919년 들어서 본격적으로 독립운동을 추진했다. 민족 각 진영과 접촉하여 최남선, 송진우와 제휴 기독교 · 유교 · 불교 등 종교계는 물론 학생층까지 합류시킨 전민족적 통일 전선이 형성됐다.

1919년 2월 27일 최남선이 기초한 독립선언서에 의암을 필두로 한 민족대표 33인이 서명하고 2만여 통을 인쇄하여 경향 각지에 밀송하는 등 모든 준비를 끝냈다.

3월 1일 정오 우리 조선이 독립국임과 조선인이 자주민임을 세계만방에 알리는 태화관의 독립선언 함성과 탑골공원의 독립만세 소리는 전국 방방곡곡에 번져 요원의 불길처럼 일어나 천지를 뒤흔들었다.

이후 이 독립만세의 절규는 수개월 동안 민족의 피어린 독립투쟁으로 발전되었고 상해에 임시정부가 서는 등 해외 애국지사들의 독립운동으로 연결되었다.

의암을 비롯한 민족대표 33인은 전원 유죄판결을 받고 서대문감옥에서 갖은 고초를 당하던 중 의암은 모진 병을 얻어 병보석으로 상춘원에서 요양하다 1922년 5월 19일 62세를 일기로 서거했다. 시신은 서울 북한산 밑 우이동에 묻혔다.

비문의 끝에는 이렇게 새겨져 있다.

「아아! 선생의 민족을 위한 일대의 소원은 중도에 꺾이고 말았으나 갑오혁명의 선봉이 되고 갑진개화에 횃불을 들었으며 기미독립의 진두에서 이 민족을 이끄신 그 맥맥한 정기는 날이 갈수록 빛을 더하고 있다. 이 터전은 선생이 태어나신 예터요, 조국을 위한 불타는 정성을 가꾸시던 고장이다. 풍우당년의 크나큰 감개는 아직도 백성의 마음에 생생히 살아있거니와 선생이 드리우신 그 높은 정신을 길이 천추에 전하고자 이 비를 세운다.」

# 송강 정철 신도비(松江 鄭澈 神道碑)

〈충북 진천군 문백면 봉죽리〉

『이 몸이 생겨날 때 임을 따라생겼으니 한 평생 연분이며 하늘도 모를 일이런가 나 한몸 졂어 있고 임 한 분 날 괴오시니 이 마음 이 사랑은 견줄 데 전혀 없다. 한 평생 원하기를 한데 살자 하였더니 늙어서야 무슨 일로 외오두고 그리는고.』

조선 선조 때의 우의정이며 시인인 송강 정철의 사미인곡 중의 한 구절이다.

충북 진천군 문백면 봉죽리 어은, 환희산 줄기가 말발굽처럼 둘러싼 마을 어귀에 이르면 3백년은 족히 되었을 거구의 느티나무 고목너머로 송강의 신도비각이 단아한 모습을 드러낸다. 사방 2m쯤 되어 보이는 커다란 귀부의 전면과 머리모습이 특이해서 이색적인 느낌을 준다. 비신의 높이는 3m는 되어 보이는 거대한 비석이다.

비문에는 부모를 정성껏 봉양한 송강의 지극한 효행과 함께 임난 때 선조를 의주까지 모신 일을 비롯 여러 곳의 관찰사를 지내면서 국가와 민족을 위해 베푼 그의 공적이 기록돼 있어 후손들에게 충효의 정신을 길이 전해주고 있다.

신도비각에서 마을을 지나 약 3백m쯤 오르면 산 밑 언덕 위에 송강의 위패를 봉안한 정송강사우가 있다. 지금 송강사우는 자리를 약간 옮겨 새로 세우기 위해 완전히 철거 밑으로 이전하는 취락구조개선사업도 곧 벌일 계획이라고 한다.

사우에서 남서쪽으로 약 5백m쯤 거리에 송강의 묘소가 있고 뒤에는 아버지 되는 정유심의 묘소도 있다. 송강 묘소에서 좌측으로 조금 내려오면 중간 언덕위에 1968년 11월 30일 한국 국어문학계의 학자 · 문인 · 시인들이 세운 시비가 있고 이 시비 속엔 송강이 지은 사미인곡 중의 한 구절이 새겨져 있다. 어은마을이 철거되면 충청북도 지방기념물 9호로 지정된 송강사우를 비롯 신도비각 · 묘역 등 송강의 유적들 주변이 일목요연하게 깨끗이 정화된다.

본래 송강의 묘소는 경기도 고양군 원당리에 있었으나 현종 6년에 우암 송시열이 이곳 어은에 묘지를 정하고 후손 정포가 이장, 사우를 창건했다. 신도비문에도 송시열의 추기가 새겨져 있다.

소장된 유물로는 송강이 명나라에 사은사로 갔다 온 후 선조로부터 하사받은 은배・옥배・친서 등이 있다.

송강 정철(1536~1593) 은 중종 31년 12월 6일 서울 장의동에서 돈녕부판관의 6남매 중 막내아들로 태어났다. 송강의 나이 열 살 때 소윤이 대윤을 역모 죄로 몰아 귀양 보내고 죽이는 을사사화에 집안이 휩쓸려 들어 어릴 때부터 피어린 당쟁 속에 안정을 얻지 못하고 공부할 기회도 없었다.

16세 때 겨우 석방된 아버지를 따라 전남 창평으로 내려온 송강은 그 당시 부호였던 김윤제의 눈에 들어 성산에 안주하면서 기대승에게서 수학했다.

이곳에서의 풍류생활을 노래한 성산별곡은 25세 때 지은 것이며 송강이란 호도 성산 앞을 흐르는 죽계천의 다른 이름인 송강을 딴 것이다. 송강은 명종 16년 26세에 진사시에, 이듬해엔 문과별시에 장원급제하여 사헌부지평현감・전적 등의 관직을 지내다 32세에 수찬으로 승진 이율곡과 함께 호당(독서당) 에 들게 되었다.

35세 때 부친상, 38세 때엔 모친상을 당했다. 효성이 지극했던 송강은 여막을 짓고 집상하였으며 울음소리가 어찌나 구슬펐던지 마을사람들을 감동시켰다고 한다. 또한 제찬은 종들에게 맡기지 않고 손수 장만하였으며 제문도 사우들에게 바른 법을 물어 예절을 극진히 하였다고 한다.

40세에 모친상을 탈상하고 다시 조정에 나아가 성균관 사성이 되었을 때는 동인 · 서인의 대립이 치열한 때였다.

송강은 서인의 편에 서서 동인을 배척하기에 이르렀고 서인의 용장으로 동인의 이발과 맞서게 되었다. 이 때 서인은 송강 이외에 몇 사람뿐이고 동인은 많은 신진이 합세하여 세력이 막강했다.

사간원대사간으로 있던 송강은 드디어 동인에 밀려 탄핵을 받고 고향인 창평리산으로 돌아가 44세 때까지 머물렀다.

그 동안 동부승지 등 여러 벼슬로 임금의 부름을 받았으나 동인이 세력을 잡고 있는 조정에 나가고 싶지 않아 응하지 않다가 선조 13년 45세 때 강원도관찰사로 나갔다.

송강의 심정을 헤아린 선조가 그를 보외로 임명한 것이고 풍류시인 송강은 관동의 아름다움을 벗하여 시와 술을 마음껏 즐겨보려는 심사에서 강원도관찰사를 택했을 것이다.

송강은 부임 후 금강영산과 관등8경을 두루 돌며 관동별곡과 많은 한문시를 지었다. 그리고 선조의 고마운 뜻에 보답하려고 도정쇄신에 주력, 선정을 베풀기도 했다.

또한 도민의 교화를 위해 만가 (시조) 훈민가를 지어 반포하기도 했다. 훈민가 중 흔히 알려진 몇 가지를 들어본다.

『어버이 살아실 때 섬길 일을 다하여라 돌아가신 후에 애통한들 무엇하리 평생에 다시 못할 일은 이뿐인가 하노라.

마을 사람들아 옳은 일 하자꾸나. 사람으로 태어나서 옳지 곧 못하면 마소를 갓고깔 씌워 밥먹이나 다르랴.』

이 외에도 송강의 훈민가 중엔 충효 · 경노사상과 상부상조 · 형제간의 우애를 다지는 내용의 글이 많이 담겨 있다.

교훈적인 시조 속에서 그의 강직하고 꿋꿋한 성격과 평민적인 다감한 일면을 그대로 엿볼 수 있다.

강원감사로 1년쯤 있다 병조참지로 조정에 다시 들어온 송강은 술만 취하면 이발을 비롯한 동인에게 욕설을 퍼붓곤 해서 결국 그들에게 견디지 못하고 다시 창평 고향으로 내려갔다.

이 후 송강은 전라도 · 함경도 관찰사를 전전하며 선정을 베푼 덕으로 선조 16년엔 예조판서 · 형조판서 등으로 계속 승급했다. 동인과 서인이 치고받는 치열한 당쟁 속에서 영일 없는 나날을 보내면서도 송강은 선조의 신임을 받아 의정부 우찬성 겸 지경연사로 승진하기도 했으나 결국 동인의 공박을 받고 또다시 조정을 물러나 고향 창평에 머물게 됐다.

50세서 54세까지 창평에 있는 4년 동안은 자연을 벗삼는 전원 생활에 유유자적하며 당쟁에서 입은 상처를 어루만지고 있었다.

비록 정치적으로는 실의와 역경의 시기였지만 문학적으로 보람있는 시기여서 사미인곡 · 속미인곡의 유명한 두 가사 작품을 비롯해서 선조를 사모하고 조정의 생활을 회상하는 많은 단가와 한시가 거의 이 동안에 씌어졌다.

정여립의 모반을 알린 충절로 영의정에 앉아 모반에 관련된 현관을 치죄하게 된 송강은 동인의 영수인 이발 등을 사형시킨 기축옥사로 말미암아 동인의 원망을 사게 되었다.

마침내 광해군 책봉 문제를 둘러싸고 이산해의 모함을 받은 송강은 선조의 노여움을 사게 되어 파직은 물론 명천 · 진주 · 강계 등지를 옮겨 다니며 고통스러운 귀양살이를 해야만 했다.

선조 25년 송강의 나이 57세 때 임진왜란이 일어나자 임금의 부름을 받고 석방되어 왕가를 호종하고 체찰사로 삼남을 사찰하기도 했으며 사은사가 되어 명나라엘 다녀오는 등 나라와 임금을 위해 충성을 다했다.

그러나 결국 말년에 반대당의 모함을 받은 송강은 완전히 투지를 잃어 관직을 사직하고 조정을 물러나와 강화에 우거했다.

일생을 청빈하게 살아 온 송강은 강화에서 지낸 말년의 생활이 양식이 없어 탄식할 정도로 곤궁하기 이를 데 없었다.

송강은 이렇게 빈곤과 울분 속에 어려운 생활을 하다가 끝내는 병을 얻어 58세를 일기로 영원히 눈을 감았다.

어릴 때부터 목숨을 거둘 때까지 일생 동안을 피어린 당쟁 속에서 살다간 송강은 생전에도 반대당의 탄핵으로 관직의 수탈이 빈번했으나 죽은 후에도 관직을 삭탈당하는 등 영혼마저 편치 못했다.

그러나 인조반정 직후 사계 김장생이 그의 원한을 풀어주었고 이듬해엔 관직이 되돌려졌으며 숙종 10년에는 문청이란 시호도 받았다.

원래 성품이 꿋꿋해서 바른 말을 잘하는데다 술을 좋아해서 빈번한 당화를 입고 거의 평생을 귀양살이로 마쳤지만 송강은 우리의 국문학상 고산 윤선도와 함께 쌍벽을 이루는 시인으로 그의 작품은 우리나라 고전시가문학에 있어 불후의 명작들이다. 피어린 당쟁의 소용돌이 속에 파란만장했던 그의 생애에 시마저 없었다면 얼마나 삭막했을까….

第3626號

# 感謝牌

大田日報社
編輯部長 **趙洪相**

貴下는 言論人으로서의 高潔한 人格과 學德을 兼備한 분으로서 平素 道政弘報에 積極 協助하여왔을뿐만아니라 特輯 "碑는 말한다"를 執筆 連載하여 이 고장 精神文化暢達에 寄與하신 功勞가 크므로 그 感謝의 뜻을 이 牌에 새겨 드립니다.

1979年 3月 24日

忠淸南道知事 **孫守益**

# 시사칼럼

## CHAPTER 2

# 경제 살려야 한다

최근 우리경제를 걱정하는 소리가 높게 일고 있다. 지난 1년간 세계경제는 호황을 누리고 있는데 우리경제는 성장률이 떨어지고 주력산업이 약화하고 있다고 한다. 대표기업들의 수익 창출력이 급격히 떨어지고 일자리 사정은 외환위기 이후 최악이며 자영업경기와 서민경제가 제자리를 못 찾고 있다는 것이다.

정부는 그동안 최저임금인상, 근로시간단축, 정규직 확대등 소득주도정책을 중점적으로 펼쳐왔다. 그러나 소득증가로 소비가 늘어나 경제가 활성화되리란 기대와는 달리 취업자증가폭이 줄어들고 설비투자가 감소하는등 각종 경제지표가 추락하고 있다. 도·소매업, 숙박·음식업등의 일자리가 줄어들고 요식업의 매출이 주는가 하면 시가지의 빈 점포가 늘어나는등 부작용이 속출하고 있다.

영세자영업자나 중소제조업자들이 최저임금에 대처하려면

제품 값을 올리거나 직원을 줄이고 자동화하거나 임금이 싼 해외로 이전을 하거나 그래도 못 견디면 폐업을 하는 수밖에 없다는 것이다.

소상공인연합회를 비롯 한국외식업중앙회, 전국택시운송사업조합연합회등이 참여한 소상공인연대는 최저임금 불복종 운동을 벌이며 최저임금 개선을 촉구하는 100만인 서명운동과 함께 대규모 궐기대회를 하겠다고 나섰다.

최저임금인상, 근로시간단축 등 부담을 감내하지 못한 중소기업체들의 탈한국이 계속 증가하고 있다. 인건비상승과 정부의 규제로 더 이상 한국에서 기업하기가 힘들다며 해외로 떠나고 있는 것이다. 한국수출입은행에 의하면 작년 기업의 투자액이 44조원이나 됐으며 1800여곳의 중소기업이 해외로 공장을 이전했다고 한다. 특히 중소의류업체들이 대거 해외로 나간 것으로 알려졌다. 국내인건비가 베트남등 외국에 비해 4~5배가 되는 상황에서 국내 생산이 어렵다고 한다.

중소기업전용 공영홈쇼핑이 공장의 해외 이전과 일자리감소를 막기 위해 100% 국내생산품만 판매하기로 했다. 전체 공산품의 40%정도인 400여개 품목이 퇴출당하게 됐다고 한다. 그러나 이 같은 조치가 해외이전이 불가피한 마당에서 하루아침에 납품을 못하게 된 중소기업들은 말할 것도 없지만 홈쇼핑, 소비자 모두에게 불이익을 초래하게 됐다고 한다. 이처럼 악화된 경제사정이 대통령의 지지율하락에 영향을 미친다는 판단에서 문대통령은 은산분리 완화등 규제개혁에 나선 것으로 알려졌다. 앞으로 규제개혁은 빅데이터활성화를 위한 개인정보 보호 완화, 및 자율주행자동차운행, 원격진료, 의료기기 개발등으로 확대될 전망이다.

과학기술정보통신부가 지난해 조사에 의하면 4차산업혁명의 주요 기술인 인공지능, 빅데이터, 사물인터넷, 3D프린팅, 지능형로봇에서 기술경쟁국인 미국, 유럽, 중국, 일본등에 뒤지고 있다고 한다.

전문가들은 경기활성화를 저해하는 각종 규제를 풀고 자영업자나 소상공인을 배려하는게 전체 경제를 살리는 길이라고 강조하고 있다.

그러나 민변, 노동·시민단체, 민주당 강경파의원등 핵심지지층이 친재벌정책이라며 저항을 하고 있다. 하지만 강력한 의지를 가지고 추진, 규제개혁을 꼭 이뤄내야 할 것이다.

# 경제정책 이대로 좋은가

최근 우리 사회엔 현 정부가 출범한 후 최우선 과제로 추진해 온 소득주도성장경제정책에 대한 논쟁이 격렬하게 일고 있다.

정부는 소득주도성장정책으로 저임금 근로자의 임금과 저소득 가계의 소득을 올려 소비를 진작시키면 이에 따라 기업의 투자와 생산이 확대될 것으로 내다봤다. 또한 기업의 투자와 생산이 늘면 가계소득이 더욱 증대돼 경제의 발전적 순환이 이루어질 것으로 기대했다. 아울러 심각한 소득의 양극화를 해소하고 저소득층의 생활을 향상시킬 수 있을 것이라고 했다.

이 같은 결과를 도출해내기 위해 저임금 근로자 소득증대를 위해 최저임금을 대폭 올렸다. 이와 함께 우리나라의 근로시간이 다른 나라에 비해 긴 점을 감안 근로시간을 단축, 일과 여타 생활의 균형을 이루고 삶의 질을 높이겠다고 했다.

2020년까지 최저임금을 시간당 1만원, 근로시간을 주 52시간으로 단축, 공공부분 일자리 81만개 창출을 공약했다.

그러나 이 같은 기대는 크게 빗나갔다. 현장에서 느끼는 민심은 딴판이었다. 정책수행과정에서 오히려 정반대 현상이 나타나기 시작했다.

최저임금을 16.4%나 올렸지만 저임금 근로자의 소득이 오르기는커녕 오히려 일자리를 잃는 경우가 늘어나고 소상공인과 자영업자들에겐 부담을 늘려 큰 타격을 안겨줬다.

기업의 경기심리와 개인의 소비심리를 위축시켜 생산, 투자, 고용, 소득, 분배 모두가 하향곡선을 그리고 있다. 소상공인, 자영업자들이 들고 일어나 "최저임금 폭탄에 못살겠다"고 외쳐대고 있다.

최근 우리 경제의 각종 지표는 심각한 단계라고 한다. 경제성장률을 보여주는 금년 2분기 국내총생산(GDP)은 전분기대비 0.6%에 그치고 투자는 외환위기 때의 수준이고 고용은 10년전 금융위기 때 수준으로 떨어졌다고 한다.

일자리 창출을 위해 54조원을 투입했지만 고용상황은 최악이고 금년 2분기중 국민의 임금, 금융소득 등을 합한 국민총소득은 지난 분기보다 1.0% 감소했다고 한다.

또한 올해의 경제성장률은 2.9%달성도 못하리라고 한다. 경제가 제대로 성장을 못하면 소득이 늘지 않고 저축도 줄어들 수

밖에 없음은 물론이다.

이처럼 우리 경제흐름이 급속히 하강하고 있는 것은 최저임금 인상등 소득주도성장정책을 추진하면서 우리의 경제체력이 약화했기 때문이라는 것이다. 대다수 전문가와 학자, 기업인들은 물론 여권 일부에서도 소득주도성장정책이 잘못가고 있다고 걱정하며 경제운용 기본구조에 대한 전면 재검토가 필요하다고 강력 진언하고 있다.

그럼에도 정부나 여당은 고용부진과 소득양극화등은 전 정권 탓이라며 현재의 정책기조를 그대로 유지하겠다고 한다. 문대통령은 최저임금 인상에 90%가 긍정적이며 올바른 경제정책기조로 가고 있다고 한다. 청와대는 고용부진, 가계소득 저하등을 개선하기 위해선 오히려 소득주도성장정책을 속도감 있게 추진하라는 징조라고 강조하고 있다.

그러나 어떤 정책이든 성공을 거두려면 사전에 현실을 직시, 충분한 검토가 있어야 하고 시행과정에서 부작용이 있으면 보완을 해야 하는 게 당연하다.

최저임금 인상만 해도 저임금 근로자뿐 아니라 기업의 입장도 고려했어야 했다. 기업의 투자와 고용증대를 유인할 신성장정책 발굴 등 정책변화가 절실하게 필요한 때다.

# 시비 이는 최저임금

최저임금 인상을 놓고 정치권은 물론 경제계가 격론을 벌이며 혼란을 겪고 있다.

최저임금위원회는 내년도 시간당 최저임금을 올해보다 10.9% 인상, 8,350원으로 의결했다. 대다수 근로자들에게 의무적으로 지급되는 주휴수당을 포함하면 월급으로 한 달에 174만1,380원이 돼 내년에는 지금보다 월 17만1,380원을 더 받게 된다. 최저임금 영향율을 25%정도로 보면 이번 임금인상으로 근로자 4명 중 1명이, 전체근로자 2천만명 중 5백만5천명의 임금이 오르는 셈이다.

이번 임금인상 결정은 최저임금을 올려 저임금 근로자들의 임금을 높임으로써 이들의 삶을 보장하는 동시에 가계소득을 올려 내수를 진작하고 경제를 성장시켜 일자리를 늘리는 효과를 거두기 위해서였다.

문재인 대통령은 2020년까지 순수 최저임금을 1만원이 되게 하겠다는 공약을 지키기 위해서는 내년 인상률이 15%를 넘어서야 하는데 거기에 미치지 못했다며 사과를 했다.

하지만 3백만 소상공인을 대표하는 소상공인 연합회는 최저임금을 두 자리수로 결정하는 것은 현실과 동떨어진 것이라며 불복종투쟁을 하겠다고 강력히 반발하고 나섰다.

또 전국 2만여 편의점의 가맹협회도 이번 임금인상이 점포의 폐업을 가속화시켜 점주와 아르바이트생을 모두 실업자와 빈곤층으로 내몰게 될 것이라고 했다. 그리고 우선 심야영업을 중단하고 종량제 봉투 판매, 교통카드 충전, 공공매입 등 부담이 되는 공공기능을 단계적으로 축소하겠다고 했다.

전체고용의 25%를 담당하고 있는 자영업자들도 경기가 가라앉아 어려움을 겪는데다 임금까지 대폭 올라가면 감당하기 힘들다고 애로를 토로했다.

중소제조업도 평균 영업이익이 3~5%인데 최저임금을 해마다 10%이상씩 올리는 것은 사업을 그만두라는 것과 마찬가지라고 했다.

인상된 최저임금은 OECD국가중 최고수준으로 미국의 8,051원이나 일본의 8,497원보다 높은 것으로 나타났다.

중소기업중앙회 등 주요 경제단체와 소상공인들은 이번 최저임금 인상은 기업의 지불능력을 고려치 않아 타당성을 잃은 결정으로 임금을 지불 못하는 위법 사업주와 일자리를 잃는 근로자가 속출할 것으로 내다봤다.

문대통령은 최저임금인상이 내수를 살리고 일자리를 증가 시킬 것 이라고 하지만 대통령의 인식이 고용현장 현실과 거리가 너무 멀다는 생각들이다.

최저임금인상으로 영세사업자의 인건비 부담을 정부가 일부 보전해주기 위해 3조원 규모로 지원하기로 했지만 세금으로 사태를 수습하기엔 한계가 있을 것이다.

중소기업중앙회와 한국경영자총협회 등이 최저임금인상의 재심의를 요청하고 나섰다. 정부는 최저임금인상과 주52시간 단축 등에서 파생되는 부작용과 난관을 슬기롭게 극복해야 일자리 증대도 경제활성화도 이룩할 수 있을 것이다.

정부의 현명한 판단이 기대되지 않을 수 없다.

# 주 52시간 근로제의 정착

현 정부가 출범한 이후 추진해온 최저임금 인상, 주 52시간 근로시간 단축 등 친로정책들로 산업계가 혼란 속에 홍역을 치르고 있다.

소비와 투자가 줄어들고 제조업 가동률이 하향추세를 보이는 등 각종 경제지표가 악화되고 있다.

특히 현 정부는 '일자리 증대'를 정책공약의 제1호로 내세우며 '일자리 대통령'을 표방해 왔다. 그러나 출범한지 1년여가 지난 현재 오히려 일자리가 감소하고 청년실업률이 외환위기 이후 최고수준으로 심각한 양상을 보이고 있다.

7월부터 시행중인 '주52시간 근로시간 단축' 정책은 노동생산성의 향상과 신규채용의 확대, 산업재해의 감소등을 도모할 수 있다는 기대속에 추진됐다. 아울러 일과 삶의 균형을 맞추고 더욱 행복한 일터와 삶의 질을 한층 높일수 있다는 취지에서 시행

됐다.

일부 기업에선 '52시간근로제'를 시행하면서 퇴근시간이 되면 일제히 컴퓨터를 꺼 일을 더하고 싶어도 할 수 없게 했다. 또 이전엔 상사가 퇴근하기 전에 먼저 퇴근하면 결례가 된다는 생각에서 상사의 눈치를 살폈지만 이제는 그럴 필요 없이 칼퇴근을 할 수 있게 됐다.

유연근로제를 시행하는 기업의 직원들은 각자의 편의에 따라 각각 출퇴근시간을 달리 조정할 수 있게 됐다. 오전 7시부터 10시사이에 출근해서 8시간만 일하고 퇴근하면 된다. 오전 7시에 출근했다면 오후 4시에 퇴근하면 된다. 52시간근무제로 하루 3시간의 여유가 생겼고 유연근무제를 시행할 경우 출근전과 퇴근후의 시간을 유용하게 활용할 수 있게돼 근로자들에게 큰 도움이 될 것으로 기대되고 있다.

하지만 운수업계에선 운전기사가 모자라 시외, 고속버스 배차시간을 정하지 못하는 등 어려움을 겪고있다. 또 회사의 공적 회식 등 근로여부 판단이 애매해 혼란스러워 하고 있다.

그리고 근로시간이 줄어 근무강도가 강화되는등 근무분위기가 자연스럽지 못하고 경직되기 쉽다. 또 근무시간은 줄었지만 업무량은 그대로여서 일거리를 싸가지고 퇴근 후 집에 가서 해야 하는 등 부작용이 적지 않은 것으로 알려졌다. 무엇보다 주52

시간제로 시간의 여유를 얻었지만 그 대신 월급이 수10만원에서 백만원 가까이 줄어 살림이 팍팍해졌다는 점이다.

직장인 교육전문업체에서 주52시간근로제에 대한 인식조사를 한 결과 응답자의 51.3%가 근로시간이 줄어 좋다고 대답했지만 43.5%는 삶의 질이 좋아질 것 같지 않다고 했으며 관심이 없다는 응답도 5.2%나 됐다.

또한 주52시간제로 생긴 여유시간을 어떻게 활용할지에 대한 조사에서 27.7%는 가족과 함께 보내겠다고 했고 나머지는 취미생활 22.3%, 운동 19.1%, 자기계발을 위한 공부 16.2% 순으로 나타났다.

주52시간 근로제가 성공적으로 정착되기 위해선 여가의 생산적인 활용여부에 달려있다고 볼만하다. 하지만 소득이 줄어든 상황에서 여가를 즐길 수 있을지 염려스럽다.

또한 주 52시간제의 부작용을 완화하기 위해선 기업이 근로자와 협의, 업무특성에 따라 근로시간과 근로형태를 정할 수 있는 등의 길을 터놔야 할 것이다.

# 공포의 미세먼지

최근 미세먼지 문제가 점차 심각해지면서 공포감까지 느끼게 하고 있다.

얼마전까지만 해도 미세먼지에 대한 관심이 전혀 없었고 신경을 쓰지 않고 살았다. 그러나 요즘은 매일 아침 집을 나서려면 미세먼지농도 예보에 민감한 반응을 보이며 마스크나 색안경 등을 챙기는 게 일상화되고 있다.

국립환경과학원 대기 질 통합예보센터에선 매일 미세먼지 농도를 예보하고 있다.

"전국적으로 '나쁨' 단계가 예상되고 있으며 일부 지역에선 '매우나쁨' 단계로 나타날 수 있다."고 예보하기 일쑤다.

우리나라에선 일평균 미세먼지가 1$m^3$당 0~30㎍(마이크로그램)이면 좋은 수준이며, $m^3$당 36㎍을 넘으면 나쁨단계로, $m^3$당 76㎍이면 매우나쁨단계로 분류하고 있다. 하지만 OECD가 권장하는 안전한 수준은 $m^3$당 10㎍이하다.

WHO(세계보건기구)가 최근 발표한 보고서에 의하면 우리나라는 OECD국가 중 연평균 미세먼지농도가 두 번째로 높은 것으로 나타났다. 우리나라의 하루 평균 미세먼지 농도는 $m^3$당 24㎍으로 이웃나라인 일본의 $m^3$당 11.4㎍보다 2배가 넘는다고 한다.

이 같은 미세먼지가 공포스러운 이유는 인체에 유입돼 다양한 질병을 일으키기도 하고 기존의 질병을 악화시킬뿐 아니라 치료효과를 저하시키기 때문이다.

미세먼지는 10pm(1㎛는 백만분의 1m)로 아주 작아 숨쉴때 코로 걸러내지 못하고 호흡기를 통해 또는 눈이나 피부를 통해 인체에 침투한다고 한다. 이 미세먼지에는 독성을 지닌 화학물질이 묻어있어 각종 질병을 일으킨다고 한다. 특히 당뇨병에 걸릴 위험을 높이거나 심장질환, 뇌질환, 치매 등의 발병원인이 될 수 있으며 만성기관지염과 폐질환, 천식 등 증상을 악화시킨다고 한다.

또한 청소년, 어린이들의 폐기능을 저하시킬 가능성이 높고 성인이 돼서도 만성폐장애를 겪을 확률이 높다고 한다.

노인들에게도 폐기능 저하속도를 높이고 폐암발생을 유발하는 원인이 될 수 있다고 한다.

더구나 임산부가 흡입한 미세먼지가 혈관을 통해 태반까지 가면 태아신체발달에 영향을 주고 출생 후 삶에도 계속 영향에 시달릴 가능성이 있다는 연구결과도 나왔다.

이 같은 미세먼지는 국내에서 주로 화력발전소와 공장의 매연과 자동차의 배기가스에서 발행하고 있으며 여기에 중국에서 오는 오염물질이 더해져 농도가 높아지고 있다.

최근 연구에선 장작등 목재를 쓰는 화목난로와 보일러에서 나오는 미세먼지가 경유트럭의 30여배가 되는 것으로 밝혀지기도 했다.

미세먼지 저감노력이 절실한 때지만 중국에서 유입되는 오염물질의 영향이 커 국내에서의 노력이 큰 효과를 거두기 어렵다는 측면도 있다. 그러나 중국에서 유입이 없는 때도 미세먼지농도가 m³당 59.1㎍의 나쁨 단계를 나타내는 때도 있어 손놓고 있을 수는 없다.

정부는 최근 심각한 미세먼지 문제를 해결하기 위해 비상과 상시 미세먼지 저감대책을 내놨다.

우선 지금까지 저공해차로 인증받아 주차료 통행혼잡료 등의 감면을 받아온 경유차가 수도권의 가장 많은 미세먼지를 배출하고 있다며 혜택을 폐지키로 했다. 이와 함께 공공부문에선 2030년까지 경유차를 완전퇴출하고 민간부문에서도 노후트럭을 폐차하고 LPG차를 구매할 땐 보조금을 지급키로 했다.

내년 2월 미세먼지 저감 및 관리에 관한 특별법이 발효되면 민간부분 차량까지 지자체의 조례로 2부제 운행을 실시할 수 있도록 했다.

또한 봄철의 미세먼지 배출량을 줄이기 위해 석탄발전소 가동중지조치를 확대 조정키로 했다.

앞으로는 당일 미세먼지 농도가 m³당 75㎍이상 2시간을 넘어서고 다음날 하루 평균농도가 m³당 50㎍을 초과할 것으로 예상되면 비상조치를 발령토록 했다. 미세먼지 저감조치가 민간부분까지 확대되면 초미세먼지를 최대한 120%까지 낮출 수 있을 것이라고 했다.

한편 미세먼지 국외요인을 줄이기 위해 2020년까지 중국과 한중환경협력센터를 설립, 중국내 전산업 분야에서 분출되는 오염물질의 한국으로의 유입을 방지하기 위한 시설을 하도록 노력해 나가기로 했다.

최근 미세먼지 문제가 심각하게 대두되면서 미세먼지 배출시설이 적은 농촌이나 산림지역으로 이사를 하는 사례까지 있다고 한다. 하지만 국토가 좁은데다 중국 등 국외요인이 크기 때문에 미세먼지농도 차이가 적어 별효과가 없다고 한다.

또 걷기운동이 건강에 좋다고 해 공원이나 산책로에 걷는 사람들이 많았지만 최근엔 많이 줄었다고 한다. 미세먼지농도가 높은 날엔 바깥 활동을 줄이고 있기 때문이다. 벚꽃 축제등 야외에서 개최되는 각종 행사의 참여자도 줄어들고 있다는 것이다.

미세먼지의 공포가 엄습하면서 우리의 일상생활에 많은 변화가 오고 있다.

정부의 저감대책이 좀 더 강화되고 철저히 시행돼 안심하고 생활할 수 있는 환경이 조성돼야 할 것이다. 이와 함께 전국민의 적극적인 협조도 있어야 할 것이다.

# 脫原電 해야만 하나?

요즘 기온이 일부지역에선 40°를 넘나들고 대부분의 지역이 40°에 육박하는 살인적인 무더위가 계속되고 있다.

최근까지 온열병으로 20여명이 사망하고 2천여 명이 앓고 있으며 곳곳에서 정전사고가 일어나는 고통을 겪고 있다.

에어컨 없이 선풍기 바람이나 쏘이면서 견디기엔 너무 덥다. 그러나 에어컨 사용으로 전력소비가 격증하면서 전기요금을 걱정하는 가정이 많아졌다. 하루 몇시간씩만 켜도 한달에 5만여원씩 내던 요금이 10여만 원을 훌쩍 넘겨 나온다. 누진제를 완화했다고 하지만 만만치 않은 액수다.

오르는 전기요금도 문제지만 전력수요가 급등하면서 전력예비율이 정부의 예상치를 빗나가 계속 떨어지고 있다. 앞으로 안정적인 전기수급을 할 수 있을지 우려되지 않을 수 없는 상황이다.

정부는 폭염으로 전력수요가 급등 전력소비량이 예상치를 넘어서자 세워놨던 원전을 재가동하고 점검하려던 2기를 여름이후로 미뤘다. 또 석탄 액화천연가스(LNG) 발전도 풀가동하고 있다. 지난 3월 54.8%까지 낮췄던 원전 가동률을 탈원전 이전 수준인 80% 내외로 올리기로 한 것이다. 이런 방법으로 500만KW를 추가로 공급하고 있다.

정부는 전력수요가 증가하는데 맞춰 대처하고 있으므로 수급에 문제가 없을 것 이라고 하지만 불안을 떨칠 수 없는 게 사실이다.

전문가들은 폭염이 올여름뿐 아니라 지구온난화 등으로 앞으로도 거듭될 가능성을 배제할 수 없다고 했다. 더구나 4차산업이 본격화하면 산업용 전력수요가 급등할 것으로 예상하고 있다. 그럼에도 정부는 낮게 잡은 전력수요예측을 수정하려 하지 않고 있다는 것이다.

무엇보다 우리나라는 자원빈국으로 안정적 에너지원은 원자력이라며 최근까지 교육당국은 유망학과인 원자력학과로의 진학을 권해왔다. 그러나 새 정부가 들어서 탈원전 정책을 내세우자 사정이 확 달라졌다. KAIST의 금년 2학기 원자력학과 지원자가 한명도 없으며 다른 대학에서도 휴학생과 복수전공자가 늘고 있다고 한다. 현재 전국의대학 16곳에서 원자력학과 학생 수는 대학원생을 포함 3천여 명이 되지만 앞으로는 크게 줄어 인력양성에 문제가 예상되고 있다. 현재 우리의 원자력 연구 수준은 세계 최고로 꿈과 자부심을 키워왔는데 탈원전 정책이후 연구비도 줄고 자부심도 가질 수 없게 됐다.

일본은 후쿠시마 원전사고를 겪었지만 원전의 안전기준을 강화 9기를 가동시켰다고 한다. 원자력을 대체할 LNG 수입증가로 무역적자와 전기요금 인상을 감당할 수 없기 때문이라는 것이다.

우리도 지난해 원전가동률 저하로 한전의 적자를 불러왔고 석탄발전증가로 미세먼지와 온실가스를 과대배출하는 탈원전 부작용을 겪고 있다.

원전대신 LNG 발전을 늘리면 수백억 달러의 무역적자는 물론 원전수출로 들어올 막대한 수익을 잃게 될 것이다.

이처럼 탈원전 정책의 수정 내지 포기를 고려해야할 요인이 적지 않은 상황이지만 정부는 탈원전 정책을 고수하며 값비싼 신재생에너지 확충에만 전념을 기울이고 있다.

정부는 지금이라도 낮게 잡은 전력수급예측을 바로잡고 탈원전 정책을 수정 내지는 포기하고 안전한 원전을 만드는데 힘써야 할 줄로 믿는다.

# 국민연금의 개편

최근 우리사회는 국민연금제도의 개편을 둘러싸고 격한 논란이 한창이다.

보건복지부 산하 국민연금재정계산위원회가 제시한 국민연금 재정추계 및 제도개편안이 알려지면서 여기저기서 불만과 비판의 소리가 터져 나오고 있다.

현재 국민연금 가입자수는 2200만 명이며 635조원의 기금이 적립돼 있으나 해가 갈수록 줄어들고 있다. 심각한 저출산과 급격한 노령화, 그리고 낮은 경제 성장으로 보험료를 내는 사람은 줄어들고 반면 연금을 받는 사람은 늘어나기 때문이다.

위원회는 현행 보험료와 연금액 수준을 그대로 유지해가면 2057년엔 기금이 바닥날 것으로 전망했다. 이 때문에 국민연금제도의 개편이 불가피하다고 한다.

위원회는 기금고갈을 늦추고 재정을 안정적으로 유지하기 위해 두 가지 방안을 제시했다. 첫째안은 현행 월소득의 9%인 보험료율을 내년부터 2%올려 11%로 하되 소득대체율(평생 소득대비 연금액)을 45%로 하는 것이다. 두째안은 보험료율을 내년부터 10년간 매년 0.45%씩 13.5%까지 올리되 소득대체율은 40%를 유지하는 것이다. 이와 함께 보험료의무납입연령을 현행 60세미만에서 단계적으로 65세미만으로 늘리고 연금지급시기를 늦추자고 제안했다.

낸 돈보다 훨씬 더 받는 현재의 보험구도를 계속 지속할 수 없다 하더라도 두안 모두 보험료인상과 지급시기를 늦추자는 것으로 국민적 합의를 도출해 내기는 어려울 것으로 보인다. 일부에선 앞으로 언젠가는 정상적 연금지급이 어려워질 수 있다는 우려에서 국민연금의무가입을 폐지하자는 소리도 나오고 있다.

국민연금도 국가가 만든 사회보험제도니까 공무원연금처럼 국가적으로 안정적이고 지속적으로 연금지급이 보장돼야 한다는 여론이 지배적이다. 또 기금고갈을 막기 위해 손쉬운 보험료만 인상할 게 아니라 효과적 기금운영으로 수익률을 높이는 등 다른 방안을 모색해야 한다는 소리도 높다.

공무원연금은 정부부담금을 포함한 보험료가 부족하면 정부가 지원토록 법제화가 이뤄져 매년 1~3조원씩을 지원하고 있다. 국민연금도 이전에 국가적 지급보장의법제화를 시도하기도 했지만 국민연금까지 지원하면 국가재정이 어렵다는 반대로 무산되기도 했다.

정부가 기금의 효율적 운영으로 수익률을 높여 문제를 해결하는 방안도 있겠지만 이에 대해선 언급이 없다. 지난해 기금수익률이 5년만에 최고 연7.3%였으나 미국등 선진국에 비하면 형편없이 낮은 수준이며 수익률을 매년 1%씩만 올리면 기금고갈시기를 5년은 늦출 수 있다고 한다.

그러나 현재 기금운영본부장과 중요간부자리가 공석인데다 기금운영본부를 전주로 이전하면서 20여 명의 우수인력이 떠났으며 20명의 기금운영위원회 위원 중 절반가량이 정부측 인사여서 독립성과 전문성이 결여돼 제 기능을 발휘하기 어려운 형편이라고 한다.

정부는 노사정회의등과의 논의를 거쳐 최종안을 10월국회에 제출할 계획이지만 통과될지는 불투명한 상태다.

정부는 우선 국민연금의 고갈로 연금의 정상적 지급이 어려울 수도 있다는 우려를 불식시키고 불안감을 없애야 한다.

정부는 기금운영본부를 정상화하고 기금소득을 높이거나 보험료를 올리거나 수급시기를 늦춘다 하더라도 가입자들의 불이익을 최소화하는 선에서 조정하고 공적 연금의 통합운영등을 검토 합리적 방안을 마련해야 할 것이다.

한편 국민들도 국민연금운영의 어려움을 이해하고 어느 정도의 불리함을 감내하는 아량으로 협조해야 할 것이다.

이번에는 다시 논란이 일지 않도록 국민연금이 노후생활을 보장한다는 본래취지에 맞게 근본적이고 완벽한 개편이 이뤄져야한다.

# 불안한 안보의식

최근 북한의 비핵화를 이끌어내기 위한 우리정부와 미국의 방침이 추진되고 있다. 이 과정에서 우리정부의 대북 대처가 국민에게 불안감을 안겨주고 있다. 우선 국방부가 우리의 국방정책을 공개하는 금년 하반기 국방백서에서 북한군이 우리의 적(敵)이라는 문구의 삭제를 검토 중이라고 한다.

또한 국방부는 5년마다 발행하는 군 장병 정신지도교재에서도 북한정권과 북한군이 현존하는 위협의 실체이자 우리의 명백한 적이라는 내용의 삭제를 검토하고 있다고 한다.

이 교재의 이번 개정에서 18개장으로 구성돼있는 내용을 12개장으로 대폭 축소하면서 대한민국을 위협하는 종북세력도 적이라는 내용을 담고 있는 '사상전에서 승리하는 길'과 '한미동맹의 역사와 미래'라는 장을 삭제하고 친북세력, 주사파라는 표현도 없애리라고 한다.

현재 북한의 핵, 미사일, 사이버공격, 테러위협이 여전히 지속되고 있는 상황인데 군의 대내외문서에서 북한정권과 북한군이 우리의 적이라는 내용이 빠지면 군의 정신무장과 국민의 안보의식이 해이해지지 않을까 우려되지 않을 수 없다.

비록 북한주민이 같은 민족으로 통일을 이루어 평화와 번영을 함께 구가해야할 상대임에 틀림없고 평화통일을 위해선 적대관계를 해소시킬 노력이 필요하다 해도 현실적으로 엄연한 군사위협이 존재하는 게 분명한데 적이 아니라고 하기엔 어려움이 있을 것이다.

미국방정보국의 분석에 따르면 현재 북한은 60개의 핵무기를 축적하고 있으며 핵을 장착하고 한국을 공격할 수 있는 탄도미사일도 수백발을 가지고 있다고 한다. 또한 유엔은 남북 · 미북정상회담에서 북한이 완전한 비핵화를 약속하고서도 핵 활동을 여전히 계속하고 있다는 판단을 하고 있다.

이 같은 상황에서 정부는 남북정상회담의 성과로 전쟁공포가 줄었다며 대북 확성기방송을 중단하고 한미연합훈련도 취소하고 있다.

한미연합훈련의 중단은 당장 문제가 생기진 않겠지만 한미연합군의 전투력과 전투태세를 약화시킬 뿐 아니라 연합군과 한국국민의 국방, 안보의식의 해이를 초래할 수 있을 것이다. 뿐만 아니라 국방개혁 2.0에 의하면 군 병력을 현재 81만 8천명에서 11만 8천명을 감축 2022년까지 50만 명이 되도록 하고 현재 육군기준 21

개월인 병사들의 복무기간을 18개월로 줄이기로 했다. 장성수도 4백여명에서 3백여명으로 70여명을 감축하는 것으로 되어있다.

북한은 7~10년간 장기복무하는 120만의 병력을 유지하며 핵과 미사일로 무장, 막대한 군사력을 보유하고 있는데 우리는 오히려 병력과 복무기간을 줄이겠다니 북한과의 균형을 잃고 있다.

합리적인 국방개혁은 미래안보환경과 전쟁 양상등을 냉철하게 분석, 거기에 맞는 전쟁수행능력을 갖추고 항상 최악의 상황에 대비하는 방향이어야 한다. 그러나 우리의 개혁은 그렇지 못한 것 같아 우려를 떨칠 수 없는게 사실이다.

최근 트럼프대통령은 예정됐던 마이크폼페이오 국무장관의 4차 방북계획을 전격 취소했다. 기대했던 성과를 거두기 어렵다는 판단에서일 것이다.

워싱턴 외교소식통은 북한이 비핵화에 확실한 의지를 보이지 않는다면 미북관계가 싱가포르 정상회담 이전의 긴장상태로 돌아갈 수 있다는게 백악관의 분위기라고 했다.

이와 함께 미국은 우리정부가 추진하는 개성연락사무소 설치가 유엔 제재위반이라고 공개적으로 경고를 했다. 대북 비핵화추진과정에서 한미공조에 금이 가는 일이 있어선 안될 것이다.

아울러 정부는 북한의군사력에 아무런 변화가 없는 상태에서 우리의 전투력을 약화시키는 조치로 국민에게 불안감을 안겨줘선 안될 것이다.

# 유치원비리 근절해야

최근 사립유치원 비리가 밝혀지면서 우리 사회에 거센 논란이 일고 있다. 지난 5년간 시도교육청 감사를 받은 2058곳의 91%에서 비리가 발견됐다니 사립유치원의 비리가 얼마나 심각한지 충격적이 아닐 수 없다. 전국 사립유치원에 대한 전수조사를 한다면 아마도 더욱 놀라운 결과가 나올 것 이란 짐작이 간다.

일부 사립유치원에선 정부가 지원한 돈으로 명품백을 사기도 하고 남편의 해외여행경비를 지출하는등 지원금을 사적으로 유용한 경우도 있다고 한다. 이렇게 되면 충실한 교육이 이루어지기도 어렵고 원아들의 급식등이 부실해질 수 밖에 없을 것이다.

정부는 낮은 출산률을 올리고 유치원교육의 질을 높이기 위해 2012년부터 소득과 상관없이 만3~5세 어린이들에게 1인당 월 29만원씩 교육비를 지원해오고 있다. 2012년 이후 지금까지 전국유치원 9029곳에 누리과정예산 총 11조4천억 원이 지원됐으며 올해에만 1조8341억 원이 지원됐다고 한다.

정부는 지원금을 인건비, 수업료, 교재 교구구입비 등으로 사용토록 지침을 줬지만 분명한 사용처를 구체적으로 지정해주지는 않았다고 했다. 그래서인가 각 유치원은 각기 형편에 따라 유치원운영비로 자유스럽게 썼으며 이 과정에서 부정하게 사적으로 유용하는 사례들이 있었다고 한다.

정부의 지원금이 투입되면 그 돈이 목적에 맞게 올바르게 쓰여지고 있는지 관리, 감독, 통제를 해야 하지만 유치원의 경우 그런 시스템이 갖춰지지 않았다고 한다. 이번에 사설유치원의 비리사태가 터진 것은 물론 유치원의 잘못이 제일 크지만 감사의 원칙과 기준을 비롯 비리 처벌 등의 법적 근거를 제대로 갖추지 못한 채 관리를 소홀히 해온 관계 당국의 잘못도 적지 않을 것이다.

이미 오래전부터 사립유치원의 재정운영이 불투명하다고 전문가들이 문제를 제기해 왔으나 시도교육청이 감사에 나설때마다 집단반발 등 유치원의 반대에 부딪혀 정부의 개입이 막히곤 했다고 한다.

이번에도 사립유치원비리가 밝혀지면서 정부가 비리근절대책을 마련할 움직임이 있자 일부 유치원이 반발하고 나섰다. 유치원 9곳이 폐원신청을 하고 7곳이 내년 신입원아모집을 보류

하겠다고 하는 등 집단반발을 보였다. 한국 유치원총연합회도 토론회를 열어 정부에 항의하기로 하는등 집단적 실력행사에 돌입했다. 전체 원아 70여만명 중 75%가 사립유치원에 다니고 있어 유치원대란이 예상되고 있는 상황이다.

사립유치원이 폐원하거나 모집을 중단하겠다는 움직임이 속출하면서 학부모들의 걱정이 이만저만이 아니다. 특히 맞벌이 부부들의 고민이 더욱 심각하다.

정부가 2021년까지 국공립유치원의 지원률을 현재 25%에서 40%로 끌어올리겠다고 하지만 그동안의 공백을 어떻게 메워야 할지, 원하는 대로 모두 수용할 수 있을지, 집과의 거리가 멀어 이용에 불편이 없을지, 퇴근시간까지 봐줄 수 있을지 등 여러 가지 염려를 떨치지 못하고 있다.

드디어 학부모들도 제대로 된 유아교육을 위해 정부가 대책을 세워줄 것을 촉구하며 거리로 나서 집단행동에 나섰다.

유치원뿐만이 아니다. 가끔 아동학대로 물의를 빚고 있는 보건복지부관할 어린이집도 국비지원을 받고 있지만 회계감사와 관리가 제대로 되지 않고 있다고 한다. 전국 4만여 개의 어린이집중 수백 곳이 수10억원의 지원금을 부정수령한 것으로 알려졌다.

또한 공공형어린이집 수백 곳에서 원장의 친인척을 직원으로

채용 일반직원보다 월급을 더 지급하고 있다고 한다. 하지만 정부는 정확한 실태조차 파악하지 못하고 있다는 것이다.

국민의 세금은 올바르고 투명하게 사용해야 한다. 정부는 어떤 어려움이 있더라도 이번 기회에 유치원과 어린이집의 비리를 근절할 대책을 마련해야 한다는 소리가 높다. 부정으로 사용한 지원금을 환수하고 중대 비리를 저지른 원장 등의 실명을 공개하는 등 처벌근거를 마련 감사와 관리를 철저히 해야 한다는 의견들이다.

국가회계시스템을 적용, 운영의 투명성을 높이고 어린이들이 제대로된 보육과 교육을 받아 훌륭한 미래의 동량이 되도록 해야 한다는 여론이다. 그래야만 현재의 심각한 저출산 상태도 벗어날 수 있다는 얘기다.

이와 함께 유의해야 할 것은 비리근절 대책을 추진하는 과정에서 그동안 바르게 운영해온 유치원이나 어린이집에 피해가 없도록 해야하며 학부모들이 걱정하는 일이 없도록 면밀한 계획을 세워 추진해야 할 것이다.

# 공공기관의 지방이전

이해찬 더불어민주당 대표는 국회교섭단체 대표연설에서 국가균형발전특별법에 따라 서울·수도권에 있는 122개 공공기관을 적합한 지역을 선정 지방으로의 이전을 추진하겠다고 했다.

이대표는 공공기관 지방이전은 지방분권차원에서 민주당이 지속적으로 주장해왔으며 자치분권과 균형발전은 앞으로 20년 정도 우리가 해결해야 할 국정 과제 중 하나라고 했다.

우리나라의 총인구 5천1백여만명 중 그 절반 정도인 2천5백여만명이 서울을 비롯한 인천. 경기 지역 등 수도권에 몰려 살고 있어 심각한 인구 편중현상을 보이고 있다. 이 같은 수도권 초밀집현상으로 정치, 경제, 사회, 문화의 중심지로 정부기관은 물론 산업과 기업, 교육, 의료, 예술등의 각종 관련 기관, 단체들이 집중돼 있다.

이 때문에 각종 분야에서 수도권과 지방과의 격차가 심각하게 나타나고 있다. 서울 등 수도권은 과밀화의 고통으로 몸살을 앓고 있고 상대적으로 지방은 인구가 줄고 쇠퇴의 위기감을 떨치지 못하고 있다. 요즘 문제가 되고 있는 서울 집값상승과 부동산 투기 등도 이 때문일 것이다.

그 동안 수도권과 지방의 양극화 현상을 완화하기 위해 여러 대책을 시행해 봤지만 별로 효과가 없었다.

지난 노무현 정부는 2004년 국가균형발전특별법을 제정하고 혁신도시로 선정된 전국 10개지역 등에 한전과 가스공사 등 공공기관 153개를 지방으로 이전했다.

그러나 공공기관의 지방이전이 수도권의 과밀화 현상을 완화하고 지방의 균형발전을 유도할 수 있다는 긍정적 효과가 기대됨에도 지역간 유치갈등과 이전 공공기관의 업무효율성을 저하시키는 부작용이 적지 않은 것으로 나타났다.

공공기관이 떠난 곳에서는 일자리와 인구가 줄어 지역경기가 가라앉고 지방에선 좀더 규모가 큰 기관을 유치하기 위한 지역간 다툼으로 갈등을 겪기도 했다.

또한 이전기관은 업무의 특성상 해외기관이나 중앙에 있는 관련기관들과 일을 해야 하는 경우도 많아 지방에서 업무를 본다는 것은 현실적으로 불가능해 상당수 직원이 서울로 출장 가서 일을 해야 한다는 것이다.

이외에도 자녀 교육 문제 등으로 가족이 전부 이사를 못하고 혼자서 가 이산가족이 되는 경우가 많고 이전기관 직원과 현지 주민간 화합을 이루지 못하는 등 문제점을 안고 있다.

이대표는 공공기관 추가 지방이전과 함께 혁신도시에 대한 대대적 예산과 법령지원 등을 하겠다고 했다. 공공기관이 이전되는 혁신도시가 자립적 성장기반과 정주여건을 갖추면 가족이 모두 이전하게 될 것이고 출퇴근시간도 짧고 편해 삶의 질을 높일 수 있을 것이라고 했다.

그러나 정치권에서는 현정부가 최저임금인상, 부동산가격 급등 등으로 지지율이 떨이지면서 국면전환용으로 공공기관 이전과 혁신도시지원방침을 내놓은게 아니냐며 비판하고 나섰다. 또한 2020년 총선에서 표를 얻고 20년 집권론의 실현을 노리는 포석이 아니겠느냐는 얘기도 나오고 있다.

하지만 수도권의 과밀화 현상을 완화하고 전 국토의 균형발전을 이룩하기 위해선 공공기관의 지방이전은 불가피한 일이라고 할만하다. 단지 이에 따른 부작용이 적지 않다는데 문제가 있다. 정부는 충분한 시간을 갖고 이전기관의 업무특성과 이전지역의 적합성을 면밀하게 검토 지역갈등이나 업무의 비효율성 등 부작용을 최소화해야 할 것이다.

이전기관이나 이전지를 결정하는데 정치적 의도나 당리당략을 떠나 공정하고 타당성을 지녀야 사회적 공감대를 형성할 수 있고 그래야만 이전계획은 순조롭게 이루게 될 것이다.

# 미흡한 고령화 대처

우리나라는 옛부터 전통적으로 경노효친(瓊老孝親)의 관행을 살아가며 반드시 지켜야할 중요한 으뜸윤리로 삼아왔다. 그러나 최근들어 돈 없고, 일 없고, 외롭고, 병들어 서럽게 살아가는 노인들이 적지 않아 안타까운 현실이 되고 있다.

끝내는 갖가지 고통과 소외감을 극복하지 못하고 스스로 삶을 마감하는 사례가 늘어가고 있다는 것이다. 2016년 기준으로 노인 자살률이 10만명당 53.3명으로 전체 자살률의 2배나 된다고 하니 서글픈 현실이다.

우리나라는 지난해 말 기준으로 65세 이상 노인이 전체인구의 14%에 다가서 고령사회로 진입하고 있다. 65세 이상 고령자가 지난해 680만6천여명으로 전체 인구 5천94만1천여명의 13.4%나 된다.

2010년의 10.2%에서 엄청나게 늘어났으며 이대로 간다면

2065년엔 42.5%까지 증가할 것으로 전망되고 있다. 대전지역의 경우도 금년 8월말 기준으로 노인 인구가 18만6천여 명으로 전체 인구의 12.45%를 웃돌아 머지않아 고령사회로의 진입이 예상되고 있다.

이같이 노인인구가 격증하면서 여러 가지 심각한 노인문제가 대두되고 있지만 대처를 제대로 못하고 있다. 국가인권위원회가 65세이상 노인 1,000명을 대상으로 조사한 결과에 의하면 절반 정도가 경제적 어려움을 겪으며 살아가고 있는 것으로 나타났다.

살아오면서 자녀들의 교육비, 주거비, 의료비 등으로 돈을 저축할 겨를 없이 노후준비를 제대로 못한 노인들이 적지 않다. 하지만 자녀들의 살림도 팍팍하고 다른 친척들의 도움을 받기도 어려워 곤궁하게 살아갈 수밖에 없는 경우가 많다.

55세에서 79세까지의 월평균 연금수령액이 올해 기준으로 57만원쯤 된다고 한다. 지난해 보다 4만원이 올랐다지만 역시 연금만으로 생계를 꾸려가기엔 크게 부족한 실정이다. 그나마 전체 고령자중 연금을 받는 노인은 45.6%에 지나지 않는다고 한다.

실상이 이렇고 보니 가난을 벗어나기 위해 정년퇴임 이후에도 일자리를 구하려는 노인들이 많을 수밖에 없다. 금년 조사에서 55~79세 노인 중 64.1%가 일자리를 원하는 것으로 나타났다. 이들 노인 중 일부는 일하는 즐거움을 갖기 위해서일 수도 있겠지만 대부분이 생활비를 보태기 위해서라고 한다. 그러나 제대로 생긴 일자리를 구하는 게 쉬운 일이 아니다.

우리나라의 고령층 고용률은 45.5%로 세계 최고수준으로 알려져 있다. 하지만 이렇게 많은 노인들이 일을 하고 있지만 일반적으로 가난하다는 이유는 노인 일자리의 대부분이 임시직, 일용직 같은 단순 노무직으로 질이 낮아 최저생계비에도 미치지 못하기 때문이다. 이 같은 문제를 해결하기 위해선 우선 기업이나 관공서 등의 정년이 연장돼야 한다는 소리가 높다. 정년퇴직 후에도 일을 지속할 수 있는 체력과 능력이 있어도 일을 못하고 있는 경우가 많기 때문이다. 능력 있고 건강한 노인들이 일찍이 물러나 있는 것은 노인 자신에겐 물론 기업이나 국가에도 손해가 될 것이다.

급격하게 진전되는 고령화 현상에 현명하게 대처하기 위해서는 정년퇴임 연령을 늦추고 재취업 등 일자리를 확대하는 한편 일자리 질을 향상시켜 생계에 어려움이 없도록 수입을 보장해주는 게 가장 절실한 과제일 것이다. 그리고 늙어가며 점점 늘어나는 의료비지원을 확대하고 활동하는데 불편이 없도록 각종 편의시설을 확충하는 등 고령자들의 생계 안정과 사회 안전망 강화에 좀더 힘을 쏟아가야 할 것이다.

# 원격의료제의 시행

최근 정부가 원격진료 시행을 위한 법률개정을 추진하면서 다시 의료계, 관계기관, 민간단체 등이 찬 · 반으로 갈려 격론을 벌이고 있다.

원격진료는 의사와 환자가 직접 대면하지 않고 컴퓨터, 화상통신, IT등을 활용 멀리 떨어져 있거나 거동이 불편한 환자를 진단, 치료, 관리하는 방식이다.

원격의료가 시행되면 섬지역이나 벽지농촌 등 병원이 멀리 있는 지역의 주민들, 장애인이나 고령자 등 거동이 불편한 환자들, 군부대에 근무하거나 원양어선 선원 등 병원에 가기 어려운 의료취약자들이 편리하게 이용할 수 있을 것이다.

또한 경노당이나 요양시설에 있는 노인들은 고혈압, 당뇨, 관절질환 등 복합적 만성질환을 앓고 있는 경우가 많은데 병원에 못가 치료시기를 놓치거나 약을 제때 못 먹는 일도 없어질 것이다.

그러나 의사협회나 일부 민간단체에선 의사가 환자를 직접 대면해 확인하지 않고 제한된 정보만으로 진단을 하기 때문에 불확실할 뿐 아니라 부작용이 발생할 경우 바로 대처를 못해 위험할 수 있다고 반대 입장을 보이고 있다.

또한 환자가 대형병원으로만 몰리게 돼 동네병원의 생존이 문제가 되는 등 의료시장의 영리화로 이어질 가능성이 있다고 우려했다. 이와 함께 개인정보가 유출될 가능성이 크다며 반대이유의 하나로 들고 있다.

원격의료가 시행되기 위해선 현행 의료법 34조에 의료진간의 원격의료만 허용하고 있어 환자와 의사간 원격의료가 이루어지려면 의료법 개정이 불가피하다. 그러나 국회 보건복지위원회 소속 21명 의원 중 한국당 8명을 빼고는 민주당 9명 등 나머지 의원들은 반대를 하거나 유보적인 입장이어서 상임위 통과 자체가 불투명한 상태이다.

외국의 경우를 보면 미국, 일본, 중국 등이 모두 원격의료제도를 시행하고 있다. 세계 최대 의료시장인 미국은 전체 진료 6건 중 1건이 원격진료로 이뤄지고 있으며 최근엔 심박측정기를 인체에 상임 스마트앱과 연결해 실시간 모니터링하며 이상이 있을 땐 담당의사에게 정보를 전송토록까지 하고 있다.

일본은 2015년 원격진료를 전면 시행 모든 규제를 없애고 화상통화나 스마트앱으로 원격진료를 받고 집에서 처방약을 받을 수 있도록 했다.

중국은 의료후진국이면서 2016년부터 원격의료제를 실시 진료받는 이용자가 1억명을 넘어섰다고 한다. 러시아, 네덜란드, 스웨덴 등도 원격의료를 통해 국민 건강상태를 모니터링해 국민 건강을 관리 하고 국민 의료비용을 줄이기 위한 노력을 하고 있는 것으로 알려졌다. 원격의료를 반대하는데도 일리가 있다. 그러나 유수의 국가들이 원격의료제도를 도입할 정도로 세계적인 추세다.

더구나 우리나라는 원격의료에 필요한 IT와 의료기술이 세계적인 수준이어서 앞으로 4차산업시대를 맞아 정보통신과 의료기기등 관련산업을 발전시키면 신성장동력으로 일자리증대 효과도 적지 않을 것으로 기대될 수 있다. 또한 원격의료시스템의 수출로 국가경제에 도움이 될 것으로 내다볼 수 있다.

급속한 고령화로 노인인구가 급격히 늘어나는 상황에서 국민 건강관리 뿐 아니라 의료비의 절감을 위해 어차피 원격진료가 불가피하다면 다른 나라에 앞서 단계적으로라도 서둘러 추진해야 한다는 소리가 높다.

# 옛 정취에 젖어본 하루

충남 서산지역 일대를 돌아보고 왔다.

아주 오래전에 서산지방을 지나며 잠깐씩 돌아보긴 했지만 작정하고 찾은 것은 이번이 처음이다. 오랜 세월이 흘러서인가 전에 봤던 기억은 전혀 나지 않고 모든 게 생소하게만 느껴졌다.

해미읍성은 우리나라의 대표적 읍성의 하나로 가장 완벽한 옛 모습을 유지하고 있는 성곽이다. 때문에 우리의 역사가 고스란히 녹아있어 사적 116호로 지정돼 있다.

해미는 예부터 바닷길을 이용해 각처의 물자를 수송하는 해상교통의 중심지로 알려져 있다. 고려 때는 중국의 송나라 요나라 사신들이 우리나라를 드나드는 관문이었다고 한다. 해미에는 왕래하는 사신 일행을 맞고 배웅하며 이들의 편안하고 안전한 항해를 기원하는 안흥정이 있었으며 아직도 그때의 안흥정터가 남아있다고 한다.

그러나 바닷길로 접근이 쉬워지자 서산 해미지역엔 왜구의 침몰이 잦아 주민들에게 큰 피해를 입혔다고 한다. 기록에 의하면 고려 후기 169년간 전국에 걸쳐 왜구의 침입이 무려 519회나 있었다니 얼마나 심각했는지 짐작할 만하다.

서해 연안으로 침입한 이들은 내륙 깊숙이 들어와 특히 충남·경남지역에서 주민을 마구 죽이고 가축이나 곡식 등을 약탈해 갔다고 한다.

왜구의 잦은 침몰로 피해가 커지자 해안으로부터 멀리 떨어진 예산군 덕산면에 있는 충청 병영을 해미로 옮겼다고 한다. 해안과 가까이 있는 해미가 왜구의 침입에 신속히 대응 효과적으로 방어할 수 있는 지리적 여건을 갖춘 곳으로 판단됐기 때문이다.

이후 해미에 위치한 충청 병영엔 병마절도사가 배치돼 육군을 지휘했으며 해미읍성은 서해안 일대의 고을들을 지키는 수호처 구실을 하게 됐다고 한다.

해미읍성은 1417년에 성을 쌓기 시작 4년만인 1421년 세종 3년에 완성했다고 한다. 당시 대부분의 성은 산성이었으나 해미읍성은 평지에 쌓은 성으로 성 내벽을 만들고 여기에 의지해 다듬돌로 성벽을 쌓았다. 그리고 성주위엔 도랑을 파서 적의 접근을 어렵게 하고 평상시엔 다리를 놓아 통행했을 것으로 추청하고 있다. 또 성벽 바로 밑엔 가시가 많은 탱자나무를 심어 역시 접근을 어렵게 해 탱자성이라고 부르기도 했다고 한다.

또 특이한 것은 일정 구간 성돌에 공주, 청주, 충주, 인천, 서천, 부여 등 지명을 새겨 넣어 각 지방민이 성을 나누어 쌓으면서 책임을 지워 부실공사를 막으려 한 것으로 보인다.

읍성 안에는 여러 채의 건물과 기념물 등 각종 시설이 자리 잡고 있어 옛 선조들의 생활상을 엿볼 수 있다. 우선, 성을 드나드는 3개의 문 가운데 남쪽으로 통하는 성의 정문인 진남문(鎭南門)은 1491년에 중수됐을 것으로 추정되고 있으나 500여 년 전 옛 모습을 그대로 간직하고 있다.

해미읍성 안에는 수령이 행정업무를 보는 중심건물인 동헌(東軒)에 공무를 수행하는 외아와 수령의 가족이 사는 내아가 있다. 또한 중앙서 내려오는 관리들의 숙소로 사용하는 객사, 병사들이 휴식을 하고 활을 쏘며 무예를 익히고 문객. 묵객들이 시를 짓고 글을 쓰는 청허정(淸虛亭), 천주교 신자 등 국사범을 수감하던 옥사가 있다. 이 밖에도 말단관리, 농부, 상인의 집을 재현해놓은 민속가옥 등이 있다. 당시 성내에는 중앙에서 파견된 관리들을 비롯한 수백 명의 군사와 노비들이 거주하고 있었다고 한다.

해미읍성은 천여 명의 천주교 신자들을 처형한 곳이기도 하다. 조선 후기에 천주교가 전래되자 1970년 정조 때부터 천주교도들에 대한 박해가 시작됐다. 이때 내포지망 13개구현의 천주교도들을 모조리 잡아들여 처형을 했으며 당시 실학인 다산 정약용이 해미읍성으로 귀향을 와 열흘간 있기도 했다고 한다. 1966년엔 대원군이 천주교도를 탄압, 학살하면서 프랑스함대가 강화도를 침범한 병인양요 사건이 일어나기도 했다.

또한 해미읍성엔 선조 112년(1579년)에 이순신이 충청병마절도사의 군관으로 부임해 10개월간 근무하기도 했으며 이때 이순신은 부정한 일이 있으면 바로 잡는 청렴, 강직한 자세를 보여줬다고 한다.

조선조 효종 때 임진왜란과 병자호란을 겪으면서 해안지역보다 내륙의 방어가 더 중요하다는 필요에서 효율적인 대처를 위해 1652년 해미읍성의 충청병영을 청주로 이전하게 됐다. 이때 해미읍성엔 대신 호서 좌영이 들어서게 됐으며 여기에 소속된 고을은 예산, 온양, 당진 등 13개 군현으로 4천명의 병사가 있었다고 한다. 중앙에서 파견된 호서좌영장이 해미현감을 겸직하면서 평상시에는 행정중심지로 비상시엔 방어기지 노릇을 했다고 한다. 내륙방어와 함께 서해안 주민의 생명과 재산을 지켜줬다.

일제 강점기 이후 동학농민운동을 겪은 일제는 우리나라에 성벽이 남아있으면 이를 의지해 항거할 마음이 생긴다는 구실로 1910년 읍성철거령을 내려 이때 전국의 읍성과 산성 대부분이 철거됐다. 그러나 해미읍성은 헐리지 않고 대부분의 성곽이 잘 보전될 수 있어 다행이었다. 하지만 성안에 있던 건물은 해미면 사무소와 학교 등으로 쓰이고 일부는 철거됐다고 한다.

이후 1970년대 해미읍성은 정비와 복원을 위한 발굴이 시작됐다. 민가와 학교를 성 밖으로 옮기면서 학교운동장 등에서 중요한 건물지와 유물들이 발굴됐다. 여기서 발굴된 유적과 출토된 기와, 백자, 분청사기 등 수천 점의 유물들로 해미읍성의 역사는 물론 당시의 식생활, 습관, 유행 등 생활상을 살펴볼 수 있게 됐다.

2000년 이후 매년 가을이면 해미읍성 역사체험축제가 열려 당시 읍성의 역사와 생활상을 재현하는 다채로운 행사가 펼쳐지고 있다.

600년 전으로 돌아가 역사적 고증을 통한 충청병마절도사 출정식과 함께 조선시대 운동회, 민속공연, 전통국악공연, 마당극 공연 등이 옛날 그대로의 모습으로 재현돼 전국적인 축제로 주목을 받고 있다.

옛 정취에 젖어 해미읍성의 역사성을 음미하며 해미읍성을 돌아본 우리 일행은 서산 용현리 마애여래삼존불상을 둘러본 후 늦은 점심을 먹었다.

삼존상은 우리나라에서 발견된 마애불 중 가장 뛰어난 백제후기 작품으로 중앙에 현세불을 의미하는 석가여래입상, 우측에 과거 불을 의미하는 제화갈라보살입상, 좌측에 미래불을 의미하는 반가사유상이 조각돼 있다. 삼존상 모두 자애로운 미소와 빛이 비치는 방향에 따라 다양하게 변하는 얼굴모습에서 신비스러움을 느낄 수 있었다.

점심식사 후엔 조선 초기 세종 때의 대표적 산수화가인 안견 선생의 작품을 전시해놓은 안견기념관을 둘러봤다. 세계적 걸작품이란 몽유도원도는 아쉽게도 원본은 일본에 있고 이곳엔 영인본과 모사본이 중점 전시돼 있었다.

다음엔 1694년 최초로 건립됐다는 송곡서원을 돌아봤다. 홍선대원군의 서원철폐령에 따라 철폐됐다 1910년 유림에 의해 복원됐다고 한다.

서원으로 가는 입구 길 양쪽에 수령 550년 된 두 구루의 향나무가 마주보고 서 있는데 음양사상을 나타낸 것으로 여겨진다고 한다.

또 별자리를 표시한 천상열차분야지도(天象列次分野之圖)를 제작한 금헌 류방택 선생의 과학정신을 기리며 우주과학의 체험 중심교육장으로 활용하기 위해 세운 '류방택천문기상과학관'도 돌아봤다.

이 천문도는 세계에서 두 번째로 오래된 것으로 우리나라의 대표적인 문화유산이다. 현재 국보 제28호로 지정돼 국립고궁박물관에 보관돼 있다. 이 과학관에선 망원경으로 천체를 직접 관측하고 입체영상과 함께 가상의 별자리를 실감 나게 체험할 수 있다.

끝으로 울창한 수목들과 어우러져 서해바다가 내려다보이는 아름다운 경관을 지닌 부석사를 둘러보고 빽빽한 하루 일정의 문학탐방을 마치고 귀전 길에 올랐다.

# 비는 말한다

조홍상 지음


발 행 일 | 2018년 12월 31일
지 은 이 | 조홍상
발 행 인 | 李憲錫
발 행 처 | 오늘의문학사
출판등록 | 제55호(1993년 6월 23일)
주 소 | 대전광역시 동구 대전로 867번길 52(한밭오피스텔 401호)
전화번호 | (042)624-2980
팩시밀리 | (042)628-2983
전자우편 | hs2980@hanmail.net
홈페이지 | cafe.daum.net/gljang(문학사랑 글짱들)

공 급 처 | 한국출판협동조합
주문전화 | (070)7119-1752
팩시밀리 | (031)944-8234~6

ISBN 978-89-5669-982-0
값 15,000원





* 이 책은 ㈜교보문고에서 E-Book(전자책)으로 제작하여 판매합니다.
* 잘못 제작된 책은 바꾸어 드립니다.
* 이 책은 대전문화재단 과 대전광역시에서 사업비 일부를 지원받았습니다.